● Ich habe diese Karte folgendem Buch entnommen:

Anregungen / Meinungen / Kritik:

☐ Schicken Sie mir bitte kostenlos Informationen über Ihr Gesamtprogramm

☐ Schicken Sie mir auch aktuelle Informationen per E-Mail (max. 3 – 4-mal pro Jahr):

Meine E-Mail-Adresse: .... @ ....

Absender/in:

....

....

....

....

Antwort

pala-verlag

Postfach 11 11 22

64226 Darmstadt

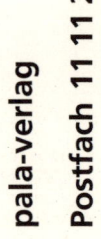

Außerdem bei uns
im Programm:
Klaus Weber
**Das Buch vom
guten Pfannkuchen**
Vegetarische Rezepte
mit Cartoons von Renate Alf
ISBN: 978-3-89566-151-8
überall, wo es Bücher gibt

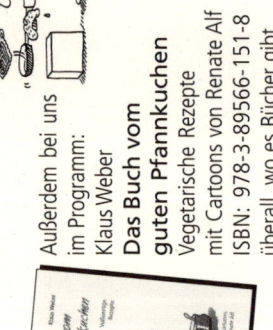

Jutta Grimm

Vegetarisch grillen

Jutta Grimm

Vegetarisch grillen

Vollwertige Rezepte

Für Gioacchino

Inhalt

Vegetarisch grillen

Als 1992 die erste Auflage dieses Buches erschien, galten Vegetarier noch als Außenseiter, die gemeinhin etwas mitleidig belächelt wurden. Dementsprechend gering und einfallslos war auch das fleischlose Angebot in Restaurants oder bei Einladungen. Die Auswahl bestand meist nur aus einem Salatteller, einer Omelette oder der »Pizza ohne alles«.

Daran hat sich inzwischen einiges geändert, denn die Zahl derjenigen, die aus ethischen oder gesundheitlichen Gründen ganz oder weitgehend auf Fleisch verzichten, wird immer größer. Fleisch hat mittlerweile einen schlechten Ruf: Salmonellen beim Geflügel, Hormone im Kalbsschnitzel, »gedoptes« Schweinefleisch und Rinderwahnsinn haben sogar den konservativsten Fleischessern zumindest den Appetit verdorben. Ganz zu schweigen von den Methoden der »modernen« Massentierhaltung, von den Tiertransporten, der Schlachtung und der Weiterverarbeitung des Fleisches.

Man besinnt sich also mehr auf Gemüse- und Getreidegerichte. Schmeckt ja auch lecker. Doch bei einer so klassischen Fleischdomäne wie dem Grillen tun sich viele schwer. Denn als vegetarische Alternative zu Würstchen und Steaks fällt den meisten nur die allseits beliebte Folienkartoffel ein – was für den Gaumen auf Dauer auch nicht so befriedigend ist. Und die vielen Bücher zum Thema Grillen bieten nur wenige vegetarische Alternativen. Auch da hört es meist bei der in Alufolie eingeschlagenen gegrillten Tomate oder Kartoffel auf.

Also ist ein Grillbuch mit leckeren Obst-, Gemüse-, Käse- und Tofu-Rezepten, mit Bratlingen und »Backwaren« aktueller denn je – und das nicht nur für eingeschworene Vegetarier.

Die Rezepte in diesem Buch beweisen, dass der Verzicht auf Fleisch bestimmt kein Verzicht auf Grillvergnügen ist, im Ge-

genteil! Außerdem zeigen sie Ihnen, wie man mit ein paar Tricks die Möglichkeiten des eigenen Grills wesentlich erweitern und beispielsweise auch einmal Fladen oder Brötchen darauf backen kann. Kurz: Dieses Buch beschäftigt sich mit Ideen und vegetarischen Rezepten rund ums Grillgerät, von denen einige vielleicht nicht ganz unter die herkömmliche Vorstellung vom Grillen fallen. Lassen Sie sich überraschen! Ich wünsche guten Appetit!

Jutta Zimm

Grillgeräte

Grillen macht Spaß! Sowohl draußen auf dem Balkon, im eigenen Garten oder auf der Dorfwiese als auch in der kälteren Jahreszeit drinnen. Dementsprechend üppig ist deshalb auch die Zahl der verschiedenen Geräte, die angeboten werden; eine besonders große Auswahl gibt es bei den sogenannten Holzkohlegrills.

Grillen im Freien

Entscheidend beim Kauf eines Grills ist immer, dass man sich vorher über den genauen Verwendungszweck im Klaren ist: Wie oft wird gegrillt? Für wie viele Personen? Muss der Grill oft transportiert werden? Ist der Grill immer Wind und Wetter ausgesetzt?

Auf jeden Fall sollte man darauf achten, dass der Grill stabil und sicher ist (TÜV-GS-Zeichen). Auch die Standfestigkeit und Transportmöglichkeiten beachten! Der Glutkorb sollte aus rostfreiem Stahl oder Gusseisen sein und genügend Zug haben. Der Grillrost sollte in der Höhe verstellbar sein, damit immer die optimale Temperatur auf das Grillgut einwirken kann.

Grillen ist in! Mittlerweile gibt es eine Vielzahl von Modellen und Anbietern, und das Angebot ändert sich ständig. Deshalb kann im Folgenden natürlich nur eine kleine Auswahl genannt werden, die keinen Anspruch auf Vollständigkeit hat.

Im Handel werden billige **Einmal- oder Wegwerfgrills** aus starker Alufolie angeboten. Diese sind aus ökologischen Gründen nicht zu empfehlen (siehe auch Seite 38).

Es gibt mittlerweile viele pfiffige kleine **Grills zum Mitnehmen** zum Camping oder für unterwegs.

- Einer davon ist der »Grilleimer«, ein kleiner Metalleimer mit Luftlöchern für guten Zug, einem Einsatz für die Holzkohle und einem Rost. Im Vergleich zu anderen Modellen ist er relativ sperrig und nicht variabel.
- Ein Modell, das man besonders klein zusammenlegen kann, ist das Modell »Grilliput«. Nach Gebrauch können alle Teile auch in der Spülmaschine gereinigt werden. Das Feuer brennt entweder direkt auf dem Erdboden oder in einer zusätzlichen Feuerschale. Die Rosthöhe ist nicht verstellbar.
- Eine witzige Idee ist auch der emaillierte kleine Grill in der Umhängetasche. Der Grill lässt sich in der robusten Tasche aufbewahren und transportieren, und die Tasche verfügt über ein zusätzliches integriertes Kühlfach (mit Kühlakkus).
- Es gibt auch etwas größere und eher luxuriöse Modelle für unterwegs, die mit einer Breite von etwa einem halben Me-

ter nicht mehr ganz so einfach zu tragen sind, aber noch gut in jeden Kofferraum passen. Deckel und Kessel sind mit Lüftungsschiebern versehen, um die Hitze gut regulieren zu können. Die schwenkbaren Beine sichern beim Transport den Deckel. Während des Betriebs kann die Haube auch zugeklappt werden. Dadurch entspricht solch ein Grill in seiner Funktion dem Kugelgrill.

- Eine sehr praktische Art des Grillens ermöglicht der Klappgrill für Holzkohle. Er wird im hochgeklappten Zustand angeheizt und ist durch den dadurch entstehenden Kamineffekt in höchstens zehn Minuten grillbereit. Nach dem Grillen lässt er sich im noch heißen Zustand wie ein Koffer zusammenklappen. Durch die Hitze der verglühenden Kohle reinigt sich der Grill selbst. Die Glut im Inneren wird sofort erstickt, noch nicht verbrannte Holzkohle bleibt im Aschekasten und kommt beim nächsten Grillen zum Einsatz. Der Grill kann sofort nach dem Einsatz in die zugehörige hitzebeständige Tasche gepackt werden und ist damit gleich transportbereit.

Ein **Tischgrill** aus Gusseisen, Stahlblech oder Ton eignet sich meist nur für kleinere Portionen. Tischgrills sind leicht zu transportieren. Es gibt auch Modelle mit vertikalem Glutkorb.

Eine interessante Art des Grillens ermöglicht ein **Grill mit Wokschale.** Er besteht aus einer Feuerstelle, die mit Holz beheizt wird, und einer leicht gebogenen Stahlpfanne, auf die das Grillgut gelegt wird. So wird zum einen verhindert, dass Fett ins Feuer tropfen kann. Zum anderen bewirkt die Holzbefeuerung eine direkte Wärmeübertragung, d. h., es ist kein Vorglühen wie beim Grillen mit Holzkohle nötig. Die Stahlpfanne hat zum Grillen die ideale Wandstärke und kann auch als Wok genutzt werden. Sie eignet sich außerdem gut zum Backen und Braten von Fladen oder Bratlingen oder auch zum Garen von Obst- und Gemüsegerichten.

Ein **einfacher Gartengrill** besteht aus einem runden oder rechteckigen Grillkorb auf vier hohen Beinen. Bei einigen Geräten kann der Glutkorb auch um neunzig Grad gedreht werden (Vertikalgrill). Meist werden außer einem Rost noch ein Windfang und ein Drehspieß zum Grillen größerer Teile mitgeliefert.

Eine gesunde Variante des Gartengrills ist der **Vertikalgrill.** In diesem zu einem Koffer zusammengeklappten Grill ist der Glutkorb senkrecht angebracht, aus dem Grillgut austretendes Fett tropft in eine mit Sand oder Wasser gefüllte Auffangwanne. Das Grillgut wird in Grillkörbe »geklemmt«, die zu beiden Seiten des Glutkorbes aufgehängt werden. Der Kofferdeckel kann als Windschutz aufgeklappt werden. Bei Fladen, Bratlingen und allem, was sich nicht so leicht einklemmen lässt, wird es etwas problematisch.

Bei einem **Kugelgrill** besteht der Glutkorb samt Rostaufhängung aus einer Halbkugel, auf der eine schwenk- oder klappbare Haube aufliegt. Die Haube sorgt im geschlossenen Zustand für größere Hitze im Innenraum, wodurch sich die Grillzeiten gegenüber den Freiluftgeräten etwas verkürzen. Der gefangengehaltene Rauch würzt das Grillgut und hilft auch bei der Bereitung von Backwaren etwas nach. Vorsicht ist allerdings beim Öffnen der Haube geboten: Der angestaute Dampf ist sehr heiß. Der Kugelgrill steht meist auf drei Beinen, zwei davon mit Rädern zum besseren Transportieren. Das Gerät kann ruhig längere Zeit im Freien gelassen werden. Leider ist der Rost oft nicht verstellbar.

Gemauerte Gartengrillgeräte gibt es in allen Variationen, ja sogar schon fertig zu kaufen. Wichtig ist auch hier, dass der Rost verstellbar aufgehängt werden kann. Bauanleitungen dafür gibt es in fast jedem Heimwerkerbuch. Ein fest gemauerter Grill hat allerdings den Nachteil, dass er an seinem Standort verankert ist und nicht nach Belieben verschoben werden kann.

In Aussehen und Funktion den Gartengrills ähnlich sind mit Propangas beheizte **Gasgrills.** Die neueren Geräte verfügen über eine Piezozündung, bei der der Grill einfach per Knopfdruck in Gang gesetzt werden kann. Gasgrills sind in der Handhabung einfacher als Holzkohlegrills, da die Vor- und Nacharbeiten, wie Glut entfachen und Asche wegbringen, entfallen. Gasgrills bieten zwar nicht ganz so viel Atmosphäre, dafür entstehen hier aber auch weniger Schadstoffe, da kein Fett ins offene Feuer tropfen kann. Manche Gasgrills besitzen einen Kochplatten-Aufsatz für die Campingküche.

Grillen in der Wohnung

Und weil das Grillen im Freien so viel Spaß gemacht hat, gibt es für trübe Tage und für den Winter auch Grillgeräte für drinnen.

Die **Grillpfanne** ist das einfachste »Grillgerät« überhaupt. Sie besteht aus Gusseisen oder einem beschichteten Material und hat einen stark gerippten oder gewürfelten Boden. Das Grillgut liegt auf den Rippen, zwischen den Rippen sammelt sich heiße Luft, und das Fett kann abfließen – der Grilleffekt wird auf diese Weise nachgeahmt.

Grillpfannen eignen sich für alle Arten von Kochstellen. Vor Gebrauch müssen sie sehr stark erhitzt werden.

Partygrillgeräte haben eine elektrisch oder mit einem Rechaud beheizte Kontaktfläche. Mit ihnen wird direkt am Tisch gegrillt. Bei vielen Geräten können unter dem Heizkörper Pfännchen eingesetzt werden, sodass sie als Raclette-Geräte zu benutzen sind. Viele Partygrills sind als **Heißer Stein** mit einer Natursteinplatte ausgerüstet.

Für Freunde des original Schweizer Raclettes, die lieber einen halben oder viertel Käselaib »angrillen« wollen, gibt es mit Strom bzw. Gas betriebene **Raclette-Grillkörbe**.

Bei **Kontaktgrillgeräten** wird das Grillgut zwischen zwei beheizten Flächen eingeklemmt und von beiden Seiten gleichzeitig durch Kontaktwärme gegart. Die Kontaktflächen sind meist in der Höhe verstellbar, sodass man damit auch Toasts überbacken kann. Aufgeklappt kann der Kontaktgrill als einfacher Grill verwendet werden. Bei manchen Geräten lassen sich die Kontaktflächen auch wenden, und der Kontaktgrill wird zum Waffeleisen. Oft wird Zubehör wie Raclette-Pfännchen angeboten. Da Kontaktgrills nur sehr kleine Flächen haben, eignen sie sich nur für kleine Portionen. Andererseits nehmen sie nicht so viel Abstellplatz in der Küche ein.

Grillheizkörper oder **Infrarotgrills** an der Ofendecke ermöglichen – mit und ohne Umluft – ein Grillen im Backofen. Bei etwas luxuriöseren Modellen werden noch Drehspieße, Grillroste und Wrasenbleche mitgeliefert.

Glücklich ist, wer über einen **offenen Kamin** verfügt. Am gemütlichen Feuer kann man – vorausgesetzt, ein Rost ist vorhanden – all die leckeren Dinge grillen, die man auch vom Holzkohlegrill her kennt.

Elektrische Tischgrills gibt es in unterschiedlichen Größen und Ausstattungen (z. B. selbstreinigend, mit Drehspieß usw.). Manche Tischgrills lassen sich auch als Backofen benutzen. Tischgrills nehmen in der Küche einen relativ großen Standplatz ein. Daher eignen sie sich nur für wirklich überzeugte Grillfans, die keinen Backofen haben. Für die vegetarische Grillküche sind sie ohnehin etwas überdimensioniert.

Einfache Grills zum Selbermachen

Die einfachste Art des Grillens ist, einen **Spieß** mit Grillgut über ein Lagerfeuer zu halten. Etwas eleganter wird das Ganze, wenn man aus einer oder zwei Astgabeln eine Lagerung für den Spieß baut.

Eine ähnlich einfache Konstruktion ist eine **Grube,** die man im Boden aushebt. Bitte darauf achten, dass genügend Luft an das Feuer kommt, sonst »zieht« es nicht richtig. Nun kann man einen Rost auf diese Grube legen oder Spieße darüber drehen.

Wenn man keinen **Rost** – vielleicht von einem alten Grill – zur Verfügung hat, kann man sich mit etwas Ähnlichem behelfen, z. B. mit einem Kuchengitter, einem ausrangierten Kühlergrill oder etwas festem, feinmaschigem Draht. Achten Sie darauf, dass die Teile aus unbeschichtetem und unlackiertem Material bestehen.

Für Fladenbrote kann man auch eine **Stein- oder Metallplatte** (siehe Seite 34f.) nehmen.

Wer seinen englischen Rasen weder mit dem Aushub eines Grabens noch mit einem Lagerfeuer ruinieren möchte, kann für die Glut einen **hitzebeständigen Behälter** nehmen. Dieser muss entweder flach sein (alter Bräter, Fettpfanne aus dem Backofen, Aschekasten, Tonschale usw.), oder er muss für die Luftzufuhr mit Löchern versehen werden (Blechdose, Zinkeimer).

Bewährt hat sich auch der Bau eines Grills aus einer alten Autofelge oder aus einer Waschmaschinentrommel.

Wenn keine Auflagefläche für einen Rost da ist, kann man sich einen Rost mit drei »Beinen« basteln. Die Luxusausführung dazu ist der **»Schwenkgrill«:** An einem Dreibein hängt ein

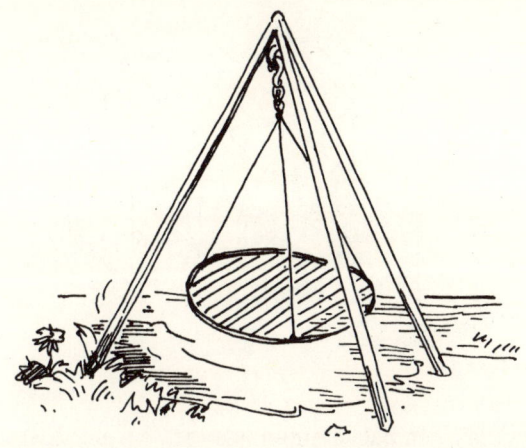

Rost an einer höhenverstellbaren Kette. Wie der Name schon sagt, kann man den Rost im Bedarfsfall hin und her schwenken. Das Grillgut gart damit gleichmäßiger und brennt nicht so leicht an.

Man sollte beim Bau aber immer daran denken, dass der Schwenkgrill zusammenlegbar ist, sodass man ihn auch einmal unterwegs verwenden kann; außerdem lässt er sich dann über den Winter besser verstauen. Schwenkgrills gibt es auch im Fachhandel oder in gut sortierten Baumärkten zu kaufen.

Für ein ganz »individuelles Grillerlebnis« kann man für jeden Gast einen flachen **Blumentopfuntersetzer** aus Ton mit Glut füllen. Als Rost kann man entweder unbeschichteten Maschendraht zurechtschneiden (Vorsicht: die Schnittstellen entschärfen!) oder man grillt mit Spießen, die man auf den Blumentopfuntersetzer legt.

Für diesen Grillspaß muss der Esstisch allerdings recht hitzebeständig sein oder gemacht werden.

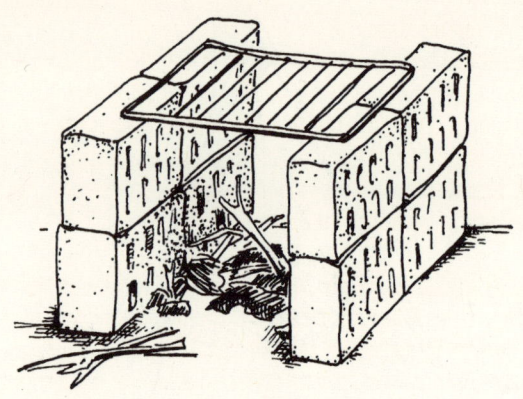

Auch mit einigen **Backsteinen** lässt sich ein einfacher Grill bauen. Es muss ja nicht gleich der gemauerte Luxus-Barbecue-Stand sein. Steine mit Löchern gewährleisten eine gute Belüftung des Feuers. Oder man lässt in Windrichtung ein »Windloch« offen.

Einen raffinierten »Einmalgrill« kann man mit etwas Mühe aus einem halben **Baumstamm** herstellen. Man nimmt dazu den längs halbierten Stamm eines Laubbaums (Länge etwa fünfzig

Zentimeter, Durchmesser etwa dreißig Zentimeter) und stemmt das Innere heraus, sodass ein nicht zu dünner Rand stehen bleibt. Die Rinne soll an den Enden offen sein, damit das Feuer genügend »Zug« hat. Das Abfallmaterial dient gleichzeitig als Brennholz; der Rost kann auf den Rand aufgelegt werden. Und nach dem Grillen lässt man den Baumstamm wie ein Lagerfeuer einfach in gemütlicher Runde abbrennen.

Für alle, die gerne im größeren Kreis Raclette essen, lohnt sich der Bau eines **Käsekorbes** aus Metall. Vielleicht hat man einen netten Schlosser in der Nachbarschaft, der einen solchen Korb für wenig Geld zusammenschweißt. Darin kann man ein halbes großes Käserad so vor einem Feuer aufstellen, dass die Schnittfläche der Glut zugewandt ist und der Käse dort schmilzt. Der geschmolzene Käse wird nun portionsweise mit einem Holzspatel abgestrichen und kann gleich gegessen werden. Dies ist übrigens auch eine gute Idee für einen Abend am offenen Kamin.

Die »Technik« des Grillens

Grillen ist eigentlich ganz einfach – wenn man weiß, wie es geht. Werden die wichtigsten Grundregeln beachtet, ist ein ungestörter Genuss garantiert.

Brennmaterial

Holzkohle wird aus Abfallholz, besonders Buchenholz, aus der Holzverarbeitung hergestellt. Holzkohle aus tropischen Regenwäldern oder aus den Trockenwäldern Argentiniens sollte man nicht verwenden! Für Holzkohlebriketts oder »Kissen« wird Kohlenstoff mit natürlichen Bindemitteln (z. B. Stärke) verpresst. Leider ist die Holzkohle-Produktion normalerweise sehr energieaufwendig, und es werden Rauchgase und Kohlenwasserstoffverbindungen in größeren Mengen an die Umwelt abgegeben. Deshalb ist es umso erfreulicher, dass mittlerweile auch Holzkohle angeboten wird, die unter ökologischen Aspekten hergestellt wird, d. h. aus einheimischen Abfallhölzern und in einem umweltfreundlichen Verfahren.

Mittlerweile gut auf dem Markt eingeführt sind **Grillblocks,** die aus verkohlten Kokosnussschalen unter Beimengung von Wasser und einer geringen Menge Stärkemehl hergestellt werden (z. B. Cococha). Hitzeentwicklung und Brenndauer sind außerordentlich hoch, es fällt relativ wenig Asche an.
Bei der Cococha-Produktion ist die Ökobilanz trotz langer Transportwege sehr gut; zudem werden Arbeitsplätze in Dritte-Welt-Ländern geschaffen.

Natürlich kann man auch mit »einfachem« **Holz** grillen. Allerdings sollte man nur das Holz von Laubbäumen verwenden, da beim Verbrennen von Nadelbaumholz gesundheitsschädliche Tannine frei werden.

Hartholz (beispielsweise Buchen- oder Birkenholz) ist als Brennmaterial besonders gut geeignet. Weichholz mit höherem Harzgehalt verbrennt zu schnell und erzeugt daher nicht die nötige Glut.

Das als Brennmaterial verwendete Holz muss trocken und gut abgelagert sein; feuchtes oder morsches Holz entwickelt beim Verbrennen zu viel Rauch.

Feuer anmachen

Richtiges Feuer anmachen will gelernt sein. Das Brennmaterial wird zeltartig aufgeschichtet, das Einheizmaterial vorsichtig darunter geschoben und angezündet.

Bei den im Handel erhältlichen **Grillanzündern** sollte man auf das DIN- bzw. TÜV-Zeichen achten! Qualitativ hochwertige Zündhilfen verbrennen ohne schädliche Rückstände und sind ungiftig. Sie sind in flüssiger oder fester Form oder als Paste erhältlich.

Für Vertikalgrills nur feste oder pastenartige Grillanzünder verwenden, da flüssige Zündhilfen in die Auffangwanne abtropfen oder -fließen und verpuffen.

Anzündhilfen müssen vor Auflegen des Grillgutes vollständig abgebrannt sein und dürfen nicht in geschlossenen Räumen verwendet werden.

Flüssige Anzünder nicht auf glühendes Brennmaterial schütten, denn der Grill brennt sofort lichterloh! Außerdem kann es dabei zu Verpuffungen mit Temperaturen von mehreren hundert Grad Celsius kommen. Gerade Kinder, die neben dem Grill stehen und zugucken, sind besonders häufig Opfer dieses Leichtsinns.

Auch **Tannenzapfen, Reisig** oder harzreiche **Späne** (Kienholz) sind zum Feuer anmachen geeignet. Mit den etwas kleineren Zapfen von Kiefern, von denen man einige ineinandersteckt, lässt sich ebenfalls jedes Feuer anzünden. Diese »Naturanzünder« sind kostenlos zu haben, und es macht Spaß, sie zu sammeln. Ein großes Einmachglas mit Tannenzapfen sieht hübsch aus und ist gleichzeitig ein originelles Mitbringsel für die nächste Grillparty.

Brennspiritus, Petroleum oder **Benzin** sollten überhaupt nicht zum Feuer anmachen verwendet werden. Sie verbrennen oder verpuffen unkontrolliert und führen damit besonders häufig zu Grillunfällen. Beim Verbrennen werden außerdem unangenehme Geschmacksstoffe frei, die auf das Grillgut übergehen. Spiritus nie aus der Flasche auf glühende Kohlen gießen, da das Feuer in die Flasche zurückschlagen und es zu einer Explosion kommen kann. Auch wenn viele glauben, diese »Hauruck-Methoden« im Griff zu haben, wissen die Mitarbeiter in den Unfallstationen der Krankenhäuser jeden Sommer genug Geschichten vom Grillanzünden zu erzählen.

Das Feuer unterhalten

Das Grillfeuer ist erst dann »richtig«, wenn das Brennmaterial durchgeglüht und der Glutkern von einer weißen Ascheschicht überzogen ist. Je mehr Brennmaterial verwendet wurde und je dichter die Glut liegt, desto größer ist die Hitze. Dies kann man auch im Nachhinein regulieren, indem man mit einer Metallschaufel oder einem Schürhaken die Glut zusammen- oder auseinanderschiebt.

Reicht das Brennmaterial nicht aus, kann vom Rand her nachgelegt werden. Aber auch das neue Brennmaterial muss erst durchgeglüht sein, bevor es unter den eigentlichen »Grillraum« geschoben werden darf.

Wird die Ascheschicht auf dem Brennmaterial zu dick, muss sie entfernt werden. Dazu nimmt man die Schaufel oder den Schürhaken. Es ist auch möglich, die Asche mit einer gefalteten Zeitung »wegzuwedeln«.

Luftzufuhr

Um das Feuer anzufachen, muss Luft an die Glut gebracht werden. Dazu wird im Allgemeinen ein **Blasebalg** empfohlen, aber auch eine zusammengefaltete Zeitung zum Fächeln reicht

aus. Wer öfter grillt, sollte sich einen **Anzündkamin** zulegen. Das ist ein länglicher Metallbehälter mit Luftschlitzen, in dem die gesamte Holzkohle in weniger als zwanzig Minuten »vorglüht«. Anmachhilfen wie Zapfen, Reisig und Papier oder (feste) Grillanzünder werden unter der Holzkohle angezündet. Durch die kaminähnliche Konstruktion des Behälters leitet der Luftzug die Flammen direkt auf die Holzkohle, die sich dadurch schneller entzündet. So erhält man in deutlich kürzerer Zeit eine schöne Glut, die sich problemlos in den Grill umfüllen lässt. Wenn es besonders schnell gehen soll, kann man die Glut auch mit einem Föhn anfachen, was allerdings nicht so recht zur Lagerfeuerromantik passt!

Das Feuer löschen

Wenn wirklich niemand mehr Appetit hat, kann das Feuer gelöscht werden. Am einfachsten ist es, noch in gemütlicher Runde sitzen zu bleiben und das Feuer von alleine ausgehen zu lassen. Man sollte sich jedoch in jedem Falle vergewissern, dass tatsächlich keine Glut mehr da ist.

Muss es einmal schneller gehen – vielleicht weil ein Gewitter heraufzieht –, kann man die Glut mit etwas Sand ersticken.

Mit Wasser sollte man das Feuer nicht löschen, denn erstens macht es hinterher keine Freude, den Glutkorb zu reinigen, und zweitens rostet der Grill auf diese Weise viel schneller.

Die Asche gibt man entweder auf den Kompost (bei kleinen Mengen) oder (kalt!) in die Mülltonne.

Gesundes ...

Unsere Ernährung hat einen nicht unbeträchtlichen Einfluss auf das Wohlbefinden. Deshalb sollten wir nicht nur auf die Auswahl der Lebensmittel achten, die wir zu uns nehmen, sondern auch auf deren Herkunft und Beschaffenheit.

Wenn wir so weit wie möglich Zutaten aus **kontrolliert biologischem Anbau** (z. B. *Bioland, Demeter, ANOG)* verwenden, tun wir nicht nur uns selbst etwas Gutes, sondern unterstützen auch den Umweltschutz. Diese Lebensmittel sind im Naturkostladen, im Reformhaus oder direkt beim Erzeuger erhältlich. Achten Sie dabei auf Warenzeichen oder EU-Kontrollnummer. Nicht alle Bio-Produkte verdienen diesen Namen!

Wer ein eigenes Gärtchen zur Verfügung hat, wird wahrscheinlich ohnehin auf Pestizide und synthetische Düngemittel verzichten. Und für ein paar Blumentöpfe mit frischen Kräutern oder eine Sprossenzucht hat man doch immer Platz – und sei es auf der Fensterbank.

Ungespritzte und unbehandelte Nahrungsmittel haben nicht nur einen besseren und intensiveren Geschmack als solche, die mit den Hilfsmitteln der Agrarindustrie hochgepäppelt wurden, sondern sind zudem auch noch viel gesünder!

Bei **tierischen Produkten** wie Milch und Eiern sollte man darauf achten, dass diese aus einer artgerechten Tierhaltung stammen. Eier aus Legebatterien sollten nicht nur ihres schlechten Geschmacks wegen nicht mehr auf den Tisch kommen. Übrigens ist auch die »Bodenhaltung« noch nicht das Gelbe vom Ei, denn auch hier müssen sich immer noch neun (konventionelle Haltung) beziehungsweise sechs (ökologische Haltung) Hühner einen Quadratmeter Stallboden teilen. Erst bei »Freilandhaltung« kann man von glücklicheren Hühnern sprechen. Je nach Betrieb stehen jedem Huhn zusätzlich zur Stallfläche (wie Bodenhaltung) mindestens vier Quadratmeter Freifläche zur Verfügung.

Obst und Gemüse sollten immer so frisch wie möglich verarbeitet werden. Zunächst wird mit der Gemüsebürste gründlich gesäubert, schadhafte Stellen schneidet man heraus. Dann das Obst und Gemüse entsprechend zerkleinern, um es so schnell wie möglich weiterzuverarbeiten. Durch langes Waschen und Stehen an der Luft gehen viele Mineralstoffe und Vitamine verloren. Obst und Gemüse aus kontrolliert biologischem Anbau können meist auch mit Schale gegessen werden. Bei konventionellen Erzeugnissen ist aufgrund der hohen Pestizidbelastung allerdings Vorsicht geboten.

Achten Sie bei **Zitrusfrüchten** darauf, dass die Schalen nicht mit Schimmelverhütungsmitteln wie Thiabendazol behandelt wurden. Nur Früchte mit dem Hinweis »unbehandelt« einkaufen. Bei **Bananen** muss dies eventuell erfragt werden, denn die Behandlung mit Thiabendazol ist nicht kennzeichnungspflichtig. Am besten, Sie kaufen ausschließlich Bio-Bananen, denn diese werden nicht mit Thiabendazol behandelt, sondern lediglich mit dem nicht schädlichen Ethylen begast.

Die meisten **Gemüsesorten** lassen sich völlig problemlos grillen. Hier nur einige Beispiele: Kartoffeln, Zucchini, Auberginen, Zuckermais, Kürbis, Tomaten, Paprika oder Pilze. Härtere Gemüse wie Blumenkohl oder Brokkoli eventuell vorher blanchieren. Je nach Gemüse- und Zubereitungsart sorgen verschiedene Kräuter oder Gewürze für zusätzliches Aroma.

Obst schmeckt ausgereift am besten, allerdings sollten die Früchte nicht zu weich sein. Gut geeignet sind beispielsweise Aprikosen, Pfirsiche, Äpfel, Birnen, Bananen, Ananas, Mangos und Orangen. Sehr weiche Früchte wie Himbeeren oder Brombeeren eignen sich nicht so gut zum Grillen, es sei denn als Füllung. Auch beim Grillen von Obst geben Gewürze das gewisse »Etwas«: Zimt, Zitronensaft oder -schale, Vanille, Curry oder Ingwer passen vorzüglich zu den heißen süßen Träumen. Vor dem Grillen und während des Grillens werden Obst und Gemüse mit etwas Fett bestrichen, damit sie nicht austrocknen. Für Gemüse ist Öl, für Obst Butter am besten geeignet.

Die Nahrungsmittel sollten so **naturbelassen** wie möglich sein. Das heißt, wir nehmen statt weißen Auszugsmehlprodukten Vollkornprodukte, statt raffiniertem Zucker alternative Süßungsmittel wie Honig und Ahornsirup und statt lösungsmittelextrahierten, desodorierten Ölen kaltgepresste Öle.
Bei **Salz** empfiehlt sich das mineralreichere Meersalz oder ein mit Kräutern gemischtes Kräutersalz. Dennoch sollte man eines nicht vergessen: Allzu viel Salz ist ungesund.
Frisch gemahlener schwarzer **Pfeffer** ist ein Genuss. Wer ihn einmal probiert hat, verzichtet wahrscheinlich zeitlebens auf Rieselpfeffer aus dem Streuer.

... und Ungesundes

Leider gibt es beim Grillen auch Wermutstropfen: Bei unsach-gemäßem Gebrauch können Stoffe entstehen, die der Gesund-heit nicht zuträglich sind.

Benzpyrene

Benzpyrene (aromatische Kohlenwas-serstoffe) entstehen beim Verglühen brennbarer organischer Stoffe (z. B. Fette). Wenn während des Grillens Fett in die Glut tropft, lodert das Feu-er auf, und es entsteht Rauch. In die-sem Rauch, der aufsteigt und an dem Grillgut haften bleibt, sind die gesund-heitsschädlichen Benzpyrene enthalten, die wir dann über das Grillgut zu uns nehmen. In Untersuchungen wurde nachge-wiesen, dass Benzpyren und seine Derivate Krebs erregen. Dies ist natürlich besonders beim Grillen von Fleisch und Würst-chen wichtig. Doch auch beim vegetarischen Grillen können diese Schadstoffe entstehen, wenn man zu großzügig mit But-ter oder Pflanzenfett umgeht.
Es gibt verschiedene Möglichkeiten, die Bildung von Benzpyre-nen zu verhindern:

- Wenig Fett verwenden.

- Zwischen Glut und Grillgut eine Trennschicht bringen (Blät-ter, heißer Stein usw.).

- Einen Grill mit vertikalem Glutkorb benutzen.

- Einen mit Strom oder Gas beheizten Grill verwenden, bei dem Lavasteine das abtropfende Fett (zu allerdings ebenfalls schädlichen Stoffen) verbrennen. Eine bessere Lösung bieten Winkelroste, die das überschüssige Fett abtropfen lassen.

- Einen »Bio-Grill«-Aufsatz auf den Rost legen. Der Bio-Grill besteht aus einem leicht schräg stehenden, wellig gepressten Blech aus rostbeständigem Material, auf dessen Wellenkämmen Schlitze eingestanzt sind. So liegt das Grillgut frei über der Glut, das Fett aber fließt in die Wellentäler und von dort in die darunterliegende Fettauffangrinne des Bio-Grills ab. Leider funktioniert dieses schöne Prinzip in der Praxis wirklich nur, wenn die Fettmenge relativ gering bleibt.

Nitrosamine

Weitere gesundheitsschädliche Stoffe, die immer mit dem Grillen in Zusammenhang gebracht werden, sind die ebenfalls krebserregenden Nitrosamine. Sie entstehen, wenn bei großer Hitze Nitrit und Amine (Eiweißstoffe) miteinander reagieren. Aber auch dieses Risiko ist beim vegetarischen Grillen glücklicherweise sehr gering. Nitrit kommt hauptsächlich in gepökelten und geräucherten Fleisch- und Wurstwaren vor. Im vegetarischen Bereich dagegen besteht diese Gefahr nur bei stark nitrathaltigen Gemüsesorten wie Spinat, denn Nitrat kann in den menschlichen Verdauungsorganen zu Nitrit umgewandelt werden. Damit sich Nitrosamine bilden, müsste der Spinat jedoch auch noch mit einem eiweißhaltigen Lebensmittel (z. B. Käse) bei hohen Temperaturen gegrillt werden – ein eher ungewöhnliches Rezept.

Vorsichtsmaßnahmen

Damit die Freude am Grillen ungetrübt bleibt, sollten einige Sicherheitsgrundregeln beachtet werden:

- Die Gefahr von Stichflammen und Verbrennungen darf beim Grillen auf keinen Fall unterschätzt werden. Daher sollte man auf leicht entflammbare Stoffe wie **Spiritus** oder **flüssige Anzünder** verzichten. Versengte Augenbrauen oder ein ungewollt verkürzter Pony sind da oft nur die kleinsten Schäden.

- Auch wenn es ihnen noch so viel Spaß machen würde: **Kinder** sollten den Grill nie selbst anzünden. Den heißen Grill stellt man am besten so, dass tobende Kinder nicht aus Versehen in ihn hineinlaufen oder ihn umreißen können.

- Vorsicht beim Hantieren mit heißen Rosten, Spießen, Metallplatten und Ähnlichem! Am besten immer **Grillhandschuhe** anziehen oder Topflappen benutzen. Sollte es doch einmal zu einer kleinen Brandblase kommen, kühlt man diese mit kaltem Wasser. Größere Verbrennungen können lebensgefährlich sein und müssen schnellstmöglich ärztlich behandelt werden.

- Auch für Grillgeräte gibt es **DIN-Normen.** Danach muss der Grill unter anderem kippsicher sein und darf keine scharfen Kanten oder Ecken aufweisen. Blechteile müssen eine bestimmte Dicke und die Roststäbe einen bestimmten Abstand voneinander haben. Achten Sie beim Kauf eines Gerätes auf das TÜV-GS-Zeichen (Geprüfte Sicherheit)!

- Den Grill auf einer möglichst **ebenen Unterlage** aufstellen, denn auf einem kippeligen Boden nützt auch der sicherste Grill nichts.

- Vorsichtshalber immer einen **Eimer Wasser** bereitstellen!

Nützliches Zubehör

Einen **Pinsel** braucht man zum Bestreichen des Grillguts mit Öl, Butter oder Marinade. Dazu eignen sich die im Handel erhältlichen Backpinsel. Besonders originell sind aber auch kleine »Reisigbesen« aus dünnen, geschälten Ästchen. Für pikante Gerichte kann man auch Sträußchen aus frischen Kräutern binden und diese zum Einpinseln verwenden.

Viele Rezepte in diesem Buch geben an, das Grillgut in große Blätter »einzupacken«. Damit diese Päckchen etwas stabiler werden und während des Grillens nicht aufgehen, sollte man die Blätter mit **Zahnstochern** oder **Rouladenklammern** fixieren. Oder man verschnürt das Ganze mit **Haushaltsgarn.**

Spieße sind als Metallspieße in verschiedenen Ausführungen im Handel erhältlich. Wir sollten die etwas längeren Spieße bevorzugen, da diese von Rand zu Rand quer über den Grill gelegt werden können. Auch wenn man sie von Hand über der Glut dreht, sind sie praktischer, weil man dann nicht so nah an die heiße Zone gerät. Da Metall die Hitze gut leitet, müssen die Spieße isolierte Enden zum Anfassen haben.

Natürlich kann man Metallspieße auch selbst herstellen. Dazu schneidet man einen dicken Draht auf die richtige Länge zu, hämmert an einem Ende eine Spitze zurecht und macht an das andere Ende einen Griff zum Anfassen (Holz, Korken, Stoffstreifen usw.).

Auch dünnere Stecken aus Hartholz können als Spieße dienen. Je feuchter das Holz noch ist, desto geringer ist die Gefahr, dass die Spieße beim Grillen »mitverkokeln«. Holzspieße sehen appetitlicher aus, wenn die Rinde abgeschält ist. Das können die Gäste natürlich auch selbst machen.

Eine amerikanische Sitte ist das Grillen mit **Bambusspießchen.** Um sie besser vor der großen Hitze zu schützen, werden sie vor dem Grillen einige Zeit ins Wasser gelegt.

Lebensmittel, die direkt auf dem heißen Rost verbrennen würden, können in kleinen **Metallkörbchen** über der Glut geschwenkt oder gedreht werden. Dazu eignen sich (zweckentfremdet) Drahtkörbchen, wie man sie beim chinesischen Fondue verwendet, oder auch zusammenklappbare Drahtgeflechte, die zum Grillen von Fisch oder Hamburgern angeboten werden. Auch metallene Dämpfeinsätze für Kochtöpfe sind geeignet.

Fladen, Bratlinge oder empfindliches Grillgut grillt man besser auf einer **heißen Platte aus Metall oder Stein.** Der Stein sollte möglichst feinporig sein (z. B. Schiefer, Granit oder Speckstein) und muss gut vorgeheizt werden. Nach dem Grillen darf man den Stein nur mit klarem Wasser reinigen; schon ein Tropfen Spülmittel würde sich als hauchdünne Schicht auf den Stein legen und seinen Geschmack immer auf das Grillgut übertragen. Original finnischer Speckstein kann auch über den Fachhandel bezogen werden.

Im Handel findet man unter dem Stichwort »Outdoor-Cooking« auch tolle Grillplatten. Das sind zum Teil beidseitig einsetzbare Bleche mit einer glatten und einer geriffelten Seite. Auf der geriffelten Seite kann beispielsweise Gemüse schonend zubereitet werden, ohne dass es direkt über den heißen Kohlen verbrennt. Das Fett aus dem Grillgut wird aufgefangen und die Riffel geben dem Grillgut das typische Grillmuster. Auf der glatten Seite kann man Pfannkuchen, Rührei, Fladen oder Bratlinge zubereiten.

Auch die im Handel erhältlichen Herd-Aufsätze zur Crêpes-Bereitung sind gut geeignet. Und zur Not tut's auch der Boden einer Springform. Improvisationstalent ist angesagt! Die Platten werden nach der Reinigung leicht eingeölt, um ihre Lebensdauer zu verlängern.

Es werden auch Grillgeräte angeboten, die statt eines Rostes eine Stahlpfanne haben.

Wenn die Gäste selbst ihre **Spieße** oder **Grillpäckchen** zusammenstellen, kann man auf einem nicht zu kleinen **Beistelltisch** das **notwendige Zubehör** bereitstellen: Spieße, Zahnstocher oder Klammern, große Blätter, ein Schneidbrett und scharfe Messer, geputztes Obst oder Gemüse, eine Pfeffermühle, Gewürze usw. Auch der Brotkorb sowie Salate, Dips und Buttermischungen – sofern sie nicht direkt auf dem Esstisch stehen – haben darauf Platz.

Um den Gästen noch einige Menüanregungen zu geben, kann man ein paar Rezepte auf Zettel schreiben und diese mit Wäscheklammern an einer Schnur befestigen. Das sieht auch noch lustig aus.

Damit es nicht zu unangenehmen Zwischenfällen wie verbrannten

Fingern kommt, sollten **Topflappen** oder noch besser **Grill-handschuhe** bereitliegen. Auch eine **Zange** zum Wenden des Grillguts hat sich bewährt. Für alle Fälle sollte immer ein **Eimer Wasser** bereitstehen.

Beim Grillen müssen Kinder immer unter Aufsicht sein. Sie übersehen den Grill oftmals beim Toben, reißen ihn um und erleiden dann schwere Verbrennungen. Außerdem übt das Feuer bzw. die Glut eine magische Anziehungskraft auf sie aus und verlockt zu gefährlichen Spielereien.

Grillfeste finden meist im Freien statt. Leider lockt der Essens-geruch auch **Wespen** als ungebetene Gäste an. Ein Wespen-stich kann mit der frischen Schnittfläche einer Zwiebel oder mit essigsaurer Tonerde gelindert werden. Imker schwören bei Bienen- und Wespenstichen auf einige Tropfen frisch gepress-ten Sauerampfersaft. Ein altes Hausmittel, das man gerade beim Grillen auf abgelegenen Plätzen in freier Natur schnell zur Hand hat. Bei einem Stich in den Mund- oder Rachenraum oder bei einer Wespengiftallergie muss man sich allerdings sofort in ärztliche Behandlung begeben. Sollten die Wespen gar zu aufdringlich werden, probieren Sie einmal eine Wespenfalle aus: Locken Sie die Wespen mit etwas »Unwi-derstehlichem« vom Grill-platz weg. Eine Flasche mit Zuckerwasser oder Saft, noch besser mit ei-nem Schuss Alkohol, zieht die Wespen magisch an und hält sie von Ihrem Essen fern.

Grillen und Umweltsch(m)utz

Auch beim Grillen kann man aktiven Umweltschutz betreiben, z. B. indem man auf das gerade bei Grillfesten so beliebte Papp- und Plastikgeschirr verzichtet.

Welches Geschirr?

Findet die Party zuhause statt, kann man ohne weiteres das eigene Essgeschirr verwenden, und beim Grillen auf öffentlichen Grillplätzen bringen alle Gäste einfach ihre Teller und Bestecke selbst mit. Damit sind sämtliche Probleme, die sich bei der Organisation und Entsorgung des Geschirrs stellen, auf einen Schlag gelöst.

Für richtig große Aktionen bieten viele Städte und Gemeinden ein **»Geschirrmobil«** an. Dazu gehört ein großer Geschirrvorrat und eine Spülmaschine mit relativ kurzer Durchlaufzeit und einem geringen Wasserverbrauch. Leider sind diese Geschirrmobile oft auf lange Zeit ausgebucht. Also: rechtzeitig planen und bestellen!

Wo wird gegrillt?

Das Grillen in freier Natur ist natürlich nicht überall erlaubt. Wald- und Naturschutzgebiete sind von vornherein tabu, aber auch nicht an jedem Seeufer oder in jeder Parkanlage darf gegrillt werden. Am besten erkundigt man sich bei den zuständigen Stellen, d. h. in den meisten Fällen bei den Gemeindeämtern.

Übrigens freuen sich auch die wenigsten Bauern über Spuren einer Grillparty auf ihrer Wiese.

Aber auch die Plätze, auf denen Grillen offiziell erlaubt ist, sollte man selbstverständlich nur aufgeräumt verlassen. Den Abfall kann man sammeln und entweder in die dort aufgestellten Müllkörbe geben oder wieder mit nach Hause nehmen (**Müllbeutel** nicht vergessen!). Letztere Maßnahme ist ganz besonders empfehlenswert, da sie gleichzeitig zur Müllvermeidung erzieht!

Da man öffentliche Grills gerne sauber vorfindet, sollte man sie auch sauber hinterlassen, d. h. Asche und Brennmaterialreste ausräumen und den Rost reinigen. Dazu sollte man eine **Drahtbürste** mitnehmen.

Die Nachbarn

Auch beim Grillen auf dem heimischen Balkon oder im eigenen Garten heißt es Rücksicht nehmen. Die Nachbarn dürfen weder durch Rauch oder Geruch noch durch Lärm gestört werden. Streng juristisch gesehen ist Nachtruhe ab 22 Uhr einzuhalten.
So ist es immer ratsam, die Nachbarn vorher zu informieren und um Verständnis zu bitten; manchmal ist es am einfachsten, die Nachbarn zur Party einfach einzuladen.
Übrigens zählt das Grillen auf dem Balkon nicht zur vertragsgemäßen Nutzung einer Mietwohnung; es kann im Extremfall also vom Vermieter untersagt werden.

Alufolie

Zurück zum Umweltschutz: In den meisten Kochbüchern und Ratgebern zum Thema Grillen wird empfohlen, reichlich Alufolie bereitzuhalten. Der besseren Reinigung wegen wird der

Glutkorb damit ausgeschlagen, das Grillgut wird darin einge-
wickelt, der Rost wird damit abgedeckt usw. Der Umwelt zu-
liebe sollten wir aber nur sehr wenig oder gar keine Alufolie
verwenden. Zwar ist Aluminium ein relativ häufig vorkommen-
des Element (acht Prozent der Erdrinde), es kann aber nicht
einfach als Erz abgebaut, sondern muss unter einem extrem
hohen Energieaufwand aus Bauxit gewonnen werden. Für die
Herstellung einer Tonne Aluminium sind 20.000 Kilowattstun-
den vonnöten. Zudem werden beim Herstellungsprozess größere Mengen Kohlenmonoxid (etwa 400 Kilogramm), Schwe-
felwasserstoff (etwa 12 Kilogramm) und Fluorwasserstoff (etwa
6 Kilogramm) frei.

Das in den meisten Haushalten ohnehin anfallende Aluminium (z. B. Verpackungen, Deckel von Joghurtbechern usw.) kann
über das Duale System recycelt werden. Mit nur fünf Prozent
des ursprünglichen Energieaufwands lässt sich Aluminium wieder in den Rohstoffkreislauf zurückführen. Letztlich gilt aber
auch hier: Vermeiden ist besser als wiederverwerten.

Es gibt auch gesundheitliche Aspekte, die gegen die Verwendung von Alufolie sprechen. Kommt Alufolie längere Zeit oder unter Erwärmung in Kontakt mit aggressiven Säuren (wie Essig oder Zitronensaft), bilden sich Aluminiumsalze. Diese können, je nach Konzentration, eine lokale Reizwirkung von adstringierend bis ätzend im Körper hervorrufen; es kann zu Übelkeit, Schmerzen und Erbrechen kommen. In einer britischen Studie wurde darüber hinaus ein Zusammenhang zwischen Aluminium im Trinkwasser und der Alzheimer Krankheit festgestellt.

Mit etwas Fantasie kommt man beim Grillen völlig ohne Alufolie aus:

- Das Grillgut in **große Blätter** (z. B. Kohl-, Rhabarber- oder Weinblätter) einpacken. Rhabarberblätter nicht mitessen, sondern nach dem Grillen entfernen (sie haben einen sehr hohen Oxalsäuregehalt!). Essbare Blätter wie Kohl oder Wirsing sind unangemacht und leicht »angekokelt« auch nicht jedermanns Sache. Also nach dem Grillen lieber auch entfernen. Eine Ausnahme bilden in Salzlake eingelegte Weinblätter, die schmecken sogar sehr lecker!

- Geeignete Obst- und Gemüsesorten (z. B. Bananen und Kartoffeln) direkt **in der Schale grillen,** die Schale vor dem Verzehr entfernen.

- Eine **Metallplatte** oder eine **dünne Steinplatte** (z. B. Schiefer oder Speckstein – die Oberfläche darf nicht porös sein) als Auflage auf dem Rost verwenden (Grillsteine dürfen übrigens nur mit klarem Wasser gereinigt werden, da Spülmittel den Stein mit einer dünnen Schicht überzieht, die nicht

40

wieder abzuwaschen ist und daher immer mitschmecken würde).

- **Kleine Drahtkörbchen** benutzen, die das Grillgut aufnehmen (z. B. vom chinesischen Fondue).

- Das Grillgut in eine **dicke Schicht aus Lehm oder Salzteig** (Vorsicht: gibt Geschmack ab!) einpacken – die erstarrte Kruste einfach aufbrechen.

- Das Grillgut auf gewässerte **dünne Rindenstückchen** legen. Diese verglimmen langsam und geben Hitze und Geschmack an das Grillgut ab.

- Mittlerweile gibt es auf dem deutschsprachigen Markt auch **»Cooking Irons«:** An langen dünnen Metallstäben mit Holzgriffen ist jeweils eine kleine Pfanne aus Gusseisen angebracht. Jeweils zwei dieser Pfannen können durch einen Verschluss miteinander verbunden werden, sodass ein geschlossener Garraum entsteht. Das Ganze erinnert stark an einen Wildwestfilm, funktioniert aber ganz prima!

Feste feiern

Egal, ob Singles alleine den Grill anwerfen oder ob eine große Grillparty steigt: Grillen ist stets mehr als das Garen von Nahrungsmitteln. Deshalb sollte dem »Drumherum« vorher genügend Aufmerksamkeit geschenkt werden.

- **Geschirr, Besteck** und **Gläser** bereitstellen und für **Getränke** sorgen.

- Bei Bedarf **Kerzen** oder Lampen aufstellen.

- Fürs Grillen Topflappen oder besser **Grillhandschuhe,** eine **Grillgabel,** einen **Pinsel** oder Ähnliches zum Bestreichen bereitlegen.

- **Brot** und Brötchen (sofern sie nicht »gegrillt« werden), **Salate, Butter, Buttermischungen** und **Dips** vorbereiten.

- Das **Grillgut vorbereiten:** Gemüse putzen, Teig bereiten (daran denken, dass manche Teigsorten einige Zeit ruhen müssen!), Spieße wässern usw.

- Genügend **Sitzgelegenheiten** bereitstellen und bei der Anordnung bedenken, dass die Gäste später nicht von Rauchschwaden eingenebelt werden sollen.

- Genügend **Brenn-** und **Anheizmaterial** bereitstellen und den Grill früh genug **anheizen:** Hartholz braucht etwa vierzig Minuten, Holzkohle zwanzig bis dreißig Minuten zum Durchglühen, d. h. bis der Glutkern von einer weißen Ascheschicht überzogen ist. Nachgelegt wird übrigens immer vom Rand her.

- Zehn Minuten vor Grillbeginn den **Rost auflegen,** damit er richtig heiß werden kann.

Und nach der Party ...

Auch wenn man meist eigentlich gar keine Lust mehr hat, empfiehlt es sich, den Grill gleich sauber zu machen, da die Reinigung später ungleich aufwendiger ist. Wenn der Grill gar noch eine Nacht im Regen verbringt, hat man eine Menge unnötige Arbeit mit einer dicken Schmierschicht. Also: Unlust überwinden und ran ans Werk – es dauert gar nicht so lange! Man muss lediglich die Asche (es darf keine Glut mehr vorhanden sein) entweder in die Mülltonne oder bei kleineren Mengen auch auf den Kompost schütten und den Glutkorb mit einer Drahtbürste schrubben. Danach wird der Rost gereinigt (notfalls auch mit einer Drahtbürste) und leicht eingefettet. So übersteht er unbeschadet die Zeit bis zum nächsten Grillen.

Haupt- statt Nebenrolle: Gemüse

Zwiebelbriketts

12 nicht zu große Zwiebeln
Wasser

Die Zwiebeln in ein ausreichend großes Gefäß schichten und vollständig mit Wasser bedecken. Mindestens 15 Minuten stehen lassen.

Zum Grillen die Zwiebeln einfach auf den Rost legen und hin und wieder wenden. Nach 30 bis 45 Minuten – je nach Größe – sind sie innen gar. Von außen sehen sie dann in etwa aus wie Eierbriketts.

Zum Essen die Zwiebeln mit einem scharfen Messer halbieren und den Inhalt herauslöffeln.

- Zwiebelbriketts passen besonders gut zu frischem Roggenbrot, bestrichen mit gut gekühlter Butter ...

Knoblauchmus

8 Knoblauchzwiebeln

Die Knoblauchzwiebeln unzerteilt und ungeschält, also so wie sie sind, in die heiße Asche geben und mit Glut abdecken. Nach 5 bis 10 Minuten sind die äußeren Schichten verkohlt. Nun kann man das Mus aus jeder Zehe einfach herausdrücken. Wahre Knoblauchfans essen es einfach so, wer es etwas dezenter mag, streicht das heiße Knoblauchmus auf Butterbrot.

* Sorgen Sie für genügend Vorrat an Knoblauchzwiebeln. Heißes Knoblauchmus macht süchtig!

Kürbis vom Grill

1 Kürbis (etwa 1 kg)
etwa 50 g Butter
Salz

Den Kürbis halbieren und die Kerne entfernen. Mit den Schnittflächen nach unten auf den Rost legen und 10 bis 15 Minuten grillen. Die Kürbishälften vom Grill nehmen und die Schnittflächen mit der Butter bestreichen. Nun mit den unbestrichenen Seiten auf den Rost setzen und nochmals etwa 30 Minuten grillen.
Das Kürbisfleisch aus der Schale herauslöffeln und mit etwas Butter und Salz servieren.

- Noch schöner ist es, wenn jeder seine eigene, dann natürlich kleinere, Kürbishälfte verzehren kann. Man rechnet pro Person mit einer Kürbishälfte von etwa 250 Gramm. Dann ist die Garzeit entsprechend kürzer.

Gegrillte Auberginen

2 Auberginen
Salz
3 Knoblauchzehen, zerdrückt
3 EL Semmelbrösel
3 EL Parmesan
2 EL Butter

Die Auberginen längs in einen Zentimeter dicke Scheiben schneiden. Mit Salz bestreuen und 15 Minuten ziehen lassen, damit die Bitterstoffe herausgezogen werden. Die Scheiben abwaschen und trockentupfen. Auf einem geölten Rost 5 bis 10 Minuten grillen.
Die restlichen Zutaten miteinander mischen. Die Auberginenscheiben wenden, mit der Masse bestreichen und nochmals 5 Minuten grillen.

- Gegrillte Auberginen eignen sich auch gut als Vorspeise zu einem festlichen Sommeressen.

Basilikumtomaten

4 Fleischtomaten
2 EL Olivenöl
1 EL Essig
1 TL Senf
1 Knoblauchzehe, gepresst
2 TL frisches Basilikum
Kräutersalz
schwarzer Pfeffer

Die Fleischtomaten in nicht zu dünne Scheiben schneiden. Aus Olivenöl, Essig, Senf, gepresstem Knoblauch und gehacktem Basilikum eine Marinade bereiten. Die Tomatenscheiben mit einem Teil der Marinade bestreichen, kurz abtropfen lassen. Auf einem geölten Rost 3 Minuten grillen. Die Tomaten wenden und mit der restlichen Marinade bestreichen. Ebenfalls 3 Minuten grillen.
Vor dem Servieren mit Kräutersalz und schwarzem Pfeffer würzen.

- Basilikumtomaten passen gut zu in Scheiben geschnittenem Mozzarella.

Grillkartoffeln

8 mittelgroße Kartoffeln
Butter
Kräutersalz

Die Kartoffeln gründlich abbürsten. Mit einer Gabel einige Male einstechen. Jede Kartoffel so in die Glut legen, dass nur noch die obere Seite herausguckt. Nach 30 bis 45 Minuten mit einer Gabel anstechen, um zu sehen, ob die Kartoffeln gar sind.
Die gegarten Kartoffeln mit einer Grillzange aus der Glut holen, oben mit einem Messer kreuzweise einschneiden und mit Butterflöckchen belegen. Mit Kräutersalz würzen. Am besten löffelt man die Kartoffeln direkt aus der Schale.

- Statt Butter kann man auch auf jede Kartoffel einen Klecks saure Sahne geben, die eventuell mit frischen Kräutern angemacht ist. Sehr lecker schmeckt das Ganze auch mit Kräuterbutter oder einer anderen gewürzten Butter.

Maiskolben

8 Kolben Zuckermais mit Blättern
weiche Butter
Kräutersalz
schwarzer Pfeffer

Die Maiskolben vorsichtig schälen, dabei aber die Blätter nicht ablösen. Die Fäden gründlich entfernen. Die Körner mit der weichen Butter bestreichen. Die Blätter wieder oben zusammenschlagen. Mit Haushaltsgarn oder einem Band, das man aus einem Maiskolbenblatt dreht, die Blätter oben zusammenhalten.
Die Maiskolben 20 bis 30 Minuten grillen, dabei öfter wenden. Zum Servieren die Schnur lösen, die Blätter wieder zurückschlagen und die Kolben mit Kräutersalz und frisch gemahlenem schwarzem Pfeffer würzen.

Maronen

500 g Maronen (Esskastanien)
Butter
Salz

Die Maronenschalen an den flachen Enden mit einem scharfen Messer kreuzweise einschneiden. Die Maronen direkt in
die Glut legen und 20 bis 30 Minuten grillen. Mit einer Grillzange herausfischen, etwas abkühlen lassen und schälen. Mit
Butter und etwas Salz servieren.

* Auf diese Art kann man die Maronen natürlich auch in einem offenen Kamin grillen. Ein besonderer Spaß für lange
  Winterabende!

Rote Zwiebeln

4 – 8 rote Zwiebeln
10 EL Olivenöl
4 EL Essig
2 EL frischer Majoran
schwarzer Pfeffer
Salz

Die Zwiebeln schälen und in Scheiben schneiden. Aus den restlichen Zutaten eine Marinade bereiten. Die Zwiebelscheiben in ein Gefäß mit Deckel schichten und die Marinade dazugeben. Den Deckel auflegen und das Ganze kräftig schütteln, damit sich die Marinade gut verteilt. Im Kühlschrank einige Stunden durchziehen lassen. Zwischendurch immer mal wieder schütteln.

Die Zwiebelscheiben auf einem geölten Rost von beiden Seiten einige Minuten grillen.

Wer die Zwiebeln etwas weniger scharf mag, kann sie vor dem Marinieren kurz blanchieren.

- Übrigens: Rote Zwiebeln schmecken nicht nur gut, sie sehen auch sehr dekorativ aus. Natürlich kann man auch alle anderen Zwiebeln verwenden.

Gegrillte Peperoni

4 Knoblauchzehen
3 EL Öl
1 EL Zitronensaft
etwa 20 eingelegte Peperoni (mittelscharf oder scharf)

Den Knoblauch schälen und fein hacken, mit Öl und Zitronensaft verrühren. Die Peperoni mit dieser Mischung bestreichen.
Auf einem geölten Rost so lange grillen, bis die Peperoni Farbe
annehmen.

- Die gegrillten Peperoni eignen sich auch gut als Vorspeise
  – allerdings nur für Knoblauchfans.

Mangoldstiele mit Bluecreme

2 EL Olivenöl
2 EL Zitronensaft
2 Knoblauchzehen, fein gehackt
Mangoldstiele
100 g Edelschimmelkäse
100 g Quark
50 g Mandeln, gehackt
Zitronensaft
Salz
Pfeffer

Aus Olivenöl, Zitronensaft und fein gehacktem Knoblauch eine Marinade bereiten. Die Mangoldstiele damit bestreichen und auf einem geölten Rost einige Minuten grillen.

In der Zwischenzeit den Edelschimmelkäse mit einer Gabel zerdrücken und mit dem Quark mischen. Die gehackten Mandeln unterziehen und mit Zitronensaft, Salz und schwarzem Pfeffer abschmecken.

Die gegrillten Mangoldstiele vom Rost nehmen und mit der Bluecreme bestreichen.

Grillgemüse mit Tahinsauce

gemischtes Gemüse
   (z. B. Tomaten, Karotten, Paprika, Zucchini,
   Auberginen, Fenchel, Lauch, Zwiebeln usw.)
Öl
Salz
schwarzer Pfeffer

Sauce:
 2 EL Tahin
200 g Joghurt
1 EL Zitronensaft
1 Knoblauchzehe, gepresst
Salz

Das Gemüse in Scheiben schneiden. Wer es nicht so »al den-
te« mag, kann die härteren Gemüsesorten wie Fenchel oder
Lauch vor dem Grillen kurz blanchieren. Gut abtropfen lassen.
Die Gemüsescheiben mit Öl einpinseln, mit Salz und Pfeffer
würzen und auf dem Rost von beiden Seiten grillen, bis sie
Farbe annehmen.
Für die Sauce Tahin, Joghurt, Zitronensaft und die gepresste
Knoblauchzehe miteinander verrühren. Mit Salz abschmecken.
Das gegrillte Gemüse auf Tellern anrichten und mit der Sauce
servieren.

Gefüllte Champignons

8 große Champignons
1 Tomate
100 g Mozzarella
frisches Basilikum
Kräutersalz
Zitronensaft
2 EL Sesam
80 g flüssige Butter

Die Champignons putzen. Die Stiele abdrehen und fein hacken. Tomate und Mozzarella in kleine Würfel schneiden.
Basilikum fein hacken. Tomate, Käse und Basilikum mit den
Champignonstielen vermischen und mit Kräutersalz und Zitronensaft würzen. Die Masse in die Pilzhüte füllen und mit Sesam bestreuen.
Die Champignons in die flüssige Butter tauchen. Auf dem Rost
etwa 15 Minuten grillen.

Gemüseteller

gemischtes Gemüse
(z. B. Tomaten, Paprika, Zucchini,
Auberginen, Fenchel, Zwiebeln, Rosenkohlröschen,
Blumenkohlröschen, Lauch usw.)
Öl
Salz
schwarzer Pfeffer

Das Gemüse in Scheiben schneiden. Nach Belieben vor dem
Grillen kurz blanchieren. Dickere Stücke, z. B. Rosen- oder Blu-
menkohl, vorkochen. Gut abtropfen lassen.
Die Gemüsescheiben mit Öl einpinseln und auf dem heißen
Rost von beiden Seiten grillen, bis sie Farbe annehmen.
Tomaten können auch als ganze Früchte gegrillt werden. Dazu
mit einem scharfen Messer die Haut kreuzweise einritzen. Auf
dem geölten Rost grillen, bis die Tomaten schrumpelig werden.
Das Gemüse erst bei Tisch mit Salz und schwarzem Pfeffer
würzen.

- Geben Sie bei Tisch einen Klecks Kräuterbutter oder ange-
  machten Schmand auf den Gemüseteller – köstlich!

Pilzpäckchen

200 g Pilze (Champignons oder Shiitake)
75 g Butter
1 TL Zitronensaft
1 Knoblauchzehe, gepresst
Salz
frische Kräuter, gehackt
4 große Blätter zum Einwickeln
(z. B. Rhabarber- oder große Wirsingblätter)
Haushaltsgarn

Die Pilze putzen und in Scheiben schneiden. Die Butter weich rühren. Mit Zitronensaft, gepresstem Knoblauch, Salz und frischen Kräutern zu Kräuterbutter verarbeiten.
Die Blätter waschen und gut abtropfen lassen. Die Pilze auf die Blätter verteilen. Die Kräuterbutter dazugeben. Die Blattränder übereinanderklappen und mit Haushaltsgarn verschnüren. Die Päckchen auf dem nicht zu heißen Rost etwa 10 Minuten grillen.
Die Pilzpäckchen auf Tellern anrichten und das Haushaltsgarn entfernen. Der Inhalt wird aus den Blättern herausgelöffelt; die Blätter werden nicht mitgegessen.

Fencheltörtchen

4 kleine Fenchelknollen
Gemüsebrühe
4 Tomaten
2 Mozzarella
Oregano
Kräutersalz
schwarzer Pfeffer

Fenchel putzen und in Scheiben schneiden. In Gemüsebrühe etwa 10 Minuten dünsten. Fenchel gut abtropfen lassen.
Die Tomaten und den Mozzarella in Scheiben schneiden. Jede Scheibe Fenchel mit Mozzarella und einer Tomatenscheibe belegen. Mit Oregano, Kräutersalz und frisch gemahlenem schwarzem Pfeffer würzen.
Die Fencheltörtchen auf dem geölten Rost 10 bis 15 Minuten grillen.

Gegrillte Zuckererbsen

4 Tassen Zuckererbsenschoten
100 g Butter

Die Zuckererbsen mit der Schale waschen und gut abtropfen lassen. Die Butter in einem kleinen Gefäß auf der Seite des Rostes zum Schmelzen bringen. Die Zuckererbsenschoten in die geschmolzene Butter tauchen und auf den heißen Grill legen, bis sie etwas Farbe annehmen.

- Man kann die Erbsenschoten auch auf einen Draht oder einen Spieß auffädeln und so über dem Feuer garen. Ab und zu mit etwas Butter einpinseln.

Fruchtige Verführung: Grillobst

Currybananen

4 reife Bananen
Butter
Curry
Honig nach Geschmack

Die Bananen ungeschält auf den heißen Rost legen und so lange grillen, bis die Schalen aufplatzen. Mit zwei Gabeln die Risse vorsichtig vergrößern. Butterflöckchen auf die Bananen setzen, mit Curry würzen. Wer's exotischer mag, kann noch mit Honig süßen.

* Gegrillte Bananen schmecken als Beilage zu vielen Gerichten oder auch einfach zu einem kräftigen Roggenbrot. Auch als Nachtisch sind sie sehr lecker. Da das Obst in der Schale gegart wird, sind (wie eigentlich immer) Bananen aus biologischem Anbau zu empfehlen.

Bananen mit Käse

4 Bananen
4 mitteldicke Scheiben Gouda
Paprikapulver
8 Zahnstocher

Mit einem scharfen Messer bei jeder Banane die Schale längs aufschneiden, sodass sie am Stielende noch zusammenhält. Die oberen Bananenhälften (ebenfalls in Längsrichtung) abschneiden. Den Käse in passende Stücke schneiden, die unteren Bananenhälften damit belegen und mit Paprika würzen. Die oberen Bananenhälften aufsetzen und die Schalen wieder schließen. Mit jeweils zwei Zahnstochern pro Banane fixieren. Fünf bis 10 Minuten grillen, d. h. so lange, bis der Käse zerlaufen ist.

Ananas-Steaks

1 Ananas
3 Knoblauchzehen, gepresst
2 TL Koriander, gemahlen
1 Prise Cayennepfeffer
3 EL Crème fraîche

Blattschopf und Stielende der Ananas mit einem scharfen Messer entfernen. Die Ananas quer halbieren, die eine Hälfte im Kühlschrank aufbewahren. Von der anderen Hälfte die harte Außenhaut und den weißlichen Strunk entfernen. Das Fruchtfleisch im Mixer pürieren, mit dem gepressten Knoblauch, den Gewürzen und der Crème fraîche mischen. Im Kühlschrank einige Stunden durchziehen lassen.
Die andere Ananashälfte in einen bis zwei Zentimeter dicke Scheiben schneiden und auf den heißen Grill legen. Nach 3 bis 5 Minuten wenden, mit dem Püree überziehen und fertiggrillen.

- Man kann die »Steaks« natürlich auch vor dem Grillen von Schale und Strunk befreien. Dann sind sie einfacher zu essen; allerdings sehen sie mit Schale viel dekorativer aus.

Roquefortbirnen

4 Birnen
50 g Butter
100 g Roquefort
schwarzer Pfeffer
Zitronensaft

Die Birnen halbieren und die Kerngehäuse herausschneiden. Mit der flachen Seite auf einem geölten Rost 3 bis 5 Minuten grillen.

In der Zwischenzeit die Butter und den Roquefort mit einer Gabel zu einer cremigen Masse verrühren. Mit frisch gemahlenem schwarzem Pfeffer und etwas Zitronensaft abschmecken. Die Birnenhälften wenden und in jede Birne einen Klecks Roquefortbutter setzen. Nochmals 3 Minuten grillen.

Pfirsiche surprise

4 Pfirsiche
2 EL gekochte Preiselbeeren
2 EL Crème fraîche
8 Zahnstocher
Honig
50 g Mandelblättchen

Die Pfirsiche halbieren und die Kerne herausnehmen. Die Preiselbeeren mit der Crème fraîche verrühren. Je eine Pfirsichhälfte mit der Masse füllen, mit einer anderen Hälfte wieder zu einem kompletten Pfirsich zusammensetzen und mit je zwei Zahnstochern fixieren.
Entlang der Schnittkanten mit Honig einpinseln und in Mandelblättchen rollen.
Die Pfirsiche auf einem geölten Rost von oben und unten jeweils 3 bis 5 Minuten grillen. Dabei ab und zu leicht hin und her bewegen.

Bratäpfel

4 Äpfel
4 Dörrpflaumen
Apfelsaft
4 EL Haselnüsse
4 EL Rosinen
2 EL Butter
Zimtpulver

Die Äpfel nicht schälen, sondern nur das Kerngehäuse entfernen. Das geht am besten mit einem Apfelausstecher. Die entkernten Dörrpflaumen einige Stunden in Apfelsaft einweichen. Die Haselnüsse grob hacken. Mit Rosinen, Butter und Zimt vermischen. Die Masse in die Äpfel füllen.

Das »Bohrloch« im Apfel mit je einer halben Pflaume von oben und unten gut verstopfen, sodass die Füllung später nicht herausfallen kann.

Die Äpfel etwa 20 Minuten unter gelegentlichem Wenden grillen.

Liebesäpfel

4 Stöcke aus frischem Holz
4 kleine Äpfel
Honig
Zimtpulver

Die Rinde von den Stöcken abschälen, die Stöcke vorne etwas anspitzen. Es ist wichtig, dass das Holz noch nicht zu trocken ist, da es sonst leicht verbrennt. Die Äpfel vorne auf die Stöcke bohren und etwa 30 Minuten über die Glut halten. Die Äpfel während dieser Zeit immer wieder mit Honig bepinseln und mit Zimtpulver bestreuen.

- Die Äpfel werden direkt vom Stock gegessen. Wer sie besonders schön anrichten will, kann nach dem Grillen frisches Laub straußartig um die Äpfel herum binden.

Orangenschiffchen

2 Orangen
100 g Butter
4 EL Pistazien
1 TL Gomasio
Zitronensaft
Chicorée

Die Orangen mit einem sehr scharfen Messer so schälen, dass auch die weiße Haut entfernt wird. In etwa einen Zentimeter dicke Scheiben schneiden.

Die Butter weich rühren, die Pistazien hacken. Mit Gomasio und etwas Zitronensaft zu einer geschmeidigen Masse verarbeiten. Den Chicorée in einzelne Blättchen teilen. In die einzelnen »Chicoréeschiffchen« einen Klecks von der Pistazienbutter geben und noch einmal kühl stellen.

Die Orangenscheiben auf einem geölten Rost von beiden Seiten etwa 5 Minuten grillen. Je eine Scheibe aufrecht stehend wie ein Segel in die Pistazienbutter stecken.

Bananen indisch

4 Bananen
2 EL Kokosflocken
1 EL Mandeln, gehackt
1 TL Honig
1 EL Butter
1 TL Curry
1 Prise Ingwerpulver

Die Bananen mit den Schalen auf dem heißen Rost grillen, bis die Schalen schwarz sind.

In der Zwischenzeit die restlichen Zutaten miteinander vermengen. Die gegrillten Bananen schälen und mit der Masse bestreichen.

Grapefruit-Tüten

2 (unbehandelte!) Grapefruits
100 g Butter
100 g Himbeeren oder Erdbeeren
1 TL Honig
Vanillepulver

Die Grapefruits mit den Schalen in etwa einen Zentimeter dicke Scheiben schneiden. Auf dem geölten Rost von beiden Seiten 3 Minuten grillen.

Die Butter schaumig rühren, die Hälfte der Beeren mit einer Gabel zermusen und zu der Butter geben. Mit Honig und Vanillepulver abschmecken.

Die gegrillten Grapefruitscheiben bis zur Mitte einschneiden und die Ränder so überlappen lassen, dass kleine Tüten entstehen. Jede Tüte mit einem Klacks Obstbutter füllen. Mit den restlichen Beeren garnieren.

Warmer Obstsalat

1 kg gemischtes Obst
(Äpfel, Birnen, Orangen, Pfirsiche,
Bananen, Kiwi usw.)
½ Zitrone
1 EL Honig
5 EL süße Sahne
4 EL Nüsse, gehackt

Das Obst schälen, entkernen und in nicht zu kleine Stücke
schneiden. Auf einem heißen Stein oder in kleinen Metallkörbchen 3 bis 5 Minuten grillen.
Aus dem Saft der halben Zitrone, dem Honig und der süßen
Sahne eine Marinade bereiten. Die gegrillten Obststücke hineingeben und vorsichtig durchmischen. Mit den gehackten
Nüssen bestreut servieren.

Alles Käse

Käsepäckchen

200 g Schafskäse
2 Knoblauchzehen
1 kleine Zwiebel
1 TL Paprikapulver
16 eingelegte Weinblätter
8 Zahnstocher
Öl

Den Schafskäse zerkrümeln. Den Knoblauch schälen und pressen, die Zwiebel schälen, fein hacken, unter den Käse mischen. Mit Paprikapulver abschmecken.
Die Weinblätter gut abtropfen lassen. Je vier Weinblätter kreuzförmig so legen, dass die Ränder überlappen. Mit einem Viertel der Käsemasse füllen. Die Blätter zu kleinen Päckchen zusammenschlagen, mit Zahnstochern fixieren. Die Päckchen dünn mit Öl bestreichen und auf dem nicht zu heißen Rost von beiden Seiten etwa 5 Minuten grillen.

Raclette

etwa 1 kg Raclettekäse
750 g Kartoffeln
4 möglichst lange Spieße (z. B. »grüne« Äste)

Den Käse würfeln. Die Kartoffeln entweder als Pellkartoffeln kochen oder direkt in der Glut garen. Jeder Gast spießt einen Käsewürfel auf und dreht diesen so lange über der Glut, bis der Käse weich ist. Mit den Kartoffeln zusammen essen.

* Sind viele zu einem Raclette-Essen versammelt, kann man den Käse am Stück in einem Drahtgestell so vor die Glut stellen, dass gerade vorne die Schnittfläche anschmilzt. Mit einem breiten Messer wird die geschmolzene Käsemasse heruntergestrichen und serviert.

Mozzarellakörbchen

2 mittelgroße Zwiebeln
2 Mozzarella
1 Zitrone
4 TL Sesam

Die Zwiebeln schälen und halbieren. Das Innere bis auf die äußeren dicken Schalen entfernen (für etwas anderes weiterverwenden). Den Mozzarella würfeln. Die Zitrone schälen, sodass auch die weiße Haut entfernt wird, und ebenfalls würfeln. Käse- und Zitronenwürfel mit dem Sesam mischen und in die ausgehöhlten Zwiebeln füllen. Grillen, bis der Käse zerlaufen ist.
Mozzarellakörbchen als kleine Vorspeise servieren oder als Beilage aus den Zwiebeln herauslöffeln.

Camemberttoast

4 Camemberts
4 große Blätter (z. B. Rhabarber- oder Wirsingblätter)
Haushaltsgarn
4 Scheiben Vollkornbrot
4 Blätter Kopfsalat
Preiselbeerkompott

Jeden Camembert in ein großes Blatt einwickeln und mit Haushaltsgarn zusammenbinden. Fünf bis 10 Minuten lang auf den Grill legen. Wenn der Camembert weich ist, das Vollkornbrot kurz auf dem Grill anrösten. Den Camembert auspacken. Dabei die Rinde nicht kaputtmachen, da er sonst ausläuft. Die Blätter entfernen, sie werden nicht mitgegessen.
Den Käse auf einem Blatt Kopfsalat auf den Toast geben und mit einem Klacks Preiselbeerkompott servieren.

Exotischer Tofu

300 g Tofu
1 Orange
1 Banane
100 g Champignons
4 EL Mandelblättchen
4 EL Kokosflocken
½ TL Kreuzkümmel
½ TL Kardamom
1 TL Curcuma
Sojasauce
4 große Blätter (z. B. Rhabarber- oder Wirsingblätter)
Haushaltsgarn

Marinade:
3 EL Sojasauce
2 EL Orangensaft
1 EL Zitronensaft
2 EL Kokosmilch

Den Tofu würfeln. Für die Marinade die angegebenen Zutaten miteinander verrühren. Den Tofu einige Stunden in der Marinade ziehen lassen.

Die Orange so schälen, dass auch die weiße Haut entfernt wird, und würfeln. Die Banane schälen und in nicht zu dünne Scheiben schneiden. Champignons in Scheiben schneiden.

Den Tofu aus der Marinade nehmen. Zusammen mit den Mandelblättchen, Kokosflocken und Gewürzen zum Obst geben.

Das Tofugericht in die Blätter geben, diese zusammenfalten und mit Haushaltsgarn fixieren. Fünfzehn Minuten am Rande des Feuers grillen. Die Blätter entfernen und den Tofu auf Tellern anrichten. Die Blätter werden nicht mitgegessen.

Gegrillter Tofu

400 g Tofu
1 Zwiebel
2 EL Öl
½ TL Ingwerpulver
¼ TL Nelkenpulver
5 Wacholderbeeren
Pfeffer
6 EL Sojasauce
8 EL Wasser
3 EL Orangensaft

Den Tofu in nicht zu kleine Würfel schneiden. Die Zwiebel schälen, fein hacken und in dem heißen Öl anbraten. Die Gewürze dazugeben. Mit Sojasauce, Wasser und Orangensaft kurz aufkochen lassen.
Die Tofuwürfel einige Stunden in der Marinade ziehen lassen. Den Tofu aus der Marinade fischen, gut abtropfen lassen und auf dem geölten Rost grillen, bis der Tofu Farbe annimmt.

Käsetoast

4 Scheiben Vollkornbrot
2 Pfirsiche
300 g Gouda
50 g Butter
2 EL Tomatenmark
Kräutersalz

Das Vollkornbrot auf dem heißen Rost von einer Seite toasten.
Die Pfirsiche entsteinen und in Scheiben schneiden, den Gouda reiben. Die Butter mit einer Gabel zerdrücken und mit dem
Tomatenmark und Kräutersalz verrühren.
Die Brote auf der getoasteten Seite mit den Pfirsichscheiben
belegen, den geriebenen Käse darauf verteilen und die Brote
nochmals auf den Rost setzen, bis der Käse zu schmelzen be-
ginnt. Die Brote mit Tomatenbutter garniert servieren.

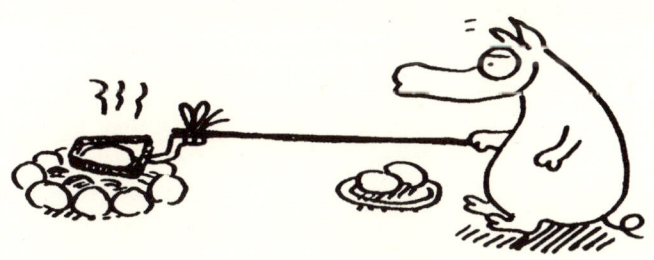

Gar nicht spießig:
Leckeres vom Spieß

Rot-gelbe Spieße

300 g Tofu
8 EL Sojasauce
2 EL Wasser
1 TL Ingwerpulver
½ TL Curcuma
½ TL Curry
rotes Obst oder Gemüse in Stücken
  (rote Paprika, rote Zwiebeln, Kirschen,
  Erdbeeren usw.)
4 Spieße

Den Tofu in zwei Zentimeter große Würfel schneiden. Aus Sojasauce, Wasser und den Gewürzen eine kräftige Marinade anrühren und die Tofuwürfel darin mindestens zwei Stunden
lang einlegen. Sie nehmen außer einem guten Geschmack auch
eine gelbe Farbe an.
Den Tofu herausnehmen, gut abtropfen lassen und die Würfel
von allen Seiten knusprig anbraten. Das kann entweder mit
etwas Öl in einer Pfanne geschehen (wenn die Spieße schon
vorbereitet werden sollen) oder auf einer Stein- bzw. Metallplatte auf dem heißen Grill.
Die Tofuwürfel abwechselnd mit den roten Obst- oder Gemü-
sestücken auf Spieße stecken und auf dem Grill garen.

Mozzarellaspieße

200 g Mozzarella
4 dicke Scheiben Weizenbrot
100 g Butter
2 EL Tomatenmark
1 Schalotte
frisches Basilikum
Salz
4 Spieße

Den Mozzarella gut abtropfen lassen und in zwölf Würfel schneiden. Die Brotscheiben vierteln. Die Mozzarella- und Weißbrotstückchen so auf vier Spieße stecken, dass immer ein Stück Mozzarella zwischen zwei Brotstückchen kommt.

Die Butter weich rühren, das Tomatenmark dazugeben. Die Schalotte schälen und sehr fein hacken, das Basilikum fein wiegen. Schalotte und Basilikum unter die Butter rühren und mit Salz abschmecken.

Die Spieße so auf den Grill stecken oder legen, dass der Käse möglichst nicht aufliegt. Beim Grillen die Spieße ständig drehen. Wenn der Käse zu laufen anfängt, sind die Spieße fertig. Auf Tellern anrichten und mit der Tomatenbutter bestreichen.

Obstsalat am Spieß

gemischte Früchte
   (z. B. Erdbeeren, Kirschen, Stachelbeeren,
   Äpfel, Birnen, Bananen, Pfirsiche, Aprikosen usw.)
2 EL Honig
1 EL süße Sahne
Zitronensaft
4 Spieße

Das Obst waschen oder schälen. Kirschen oder Aprikosen entsteinen, größere Früchte wie Äpfel, Pfirsiche, Bananen in mundgerechte, aber nicht zu kleine Stücke schneiden (sie fallen sonst
leicht ab). Die Früchte auf Spieße aufstecken.
Aus dem Honig, der süßen Sahne und dem Zitronensaft eine
nicht zu dünnflüssige Marinade bereiten. Die Spieße auf einen
großen flachen Teller legen und sofort mit der Marinade großzügig bestreichen. Etwa 30 Minuten durchziehen lassen.
Die Obstspieße auf dem Rost von jeder Seite 1 bis 2 Minuten
grillen.

Griechische Spieße

3 Knoblauchzehen
3 EL Olivenöl
1 TL Zitronensaft
12 eingelegte Peperoni
150 g Schafskäse
12 eingelegte Weinblätter
½ Salatgurke
12 Oliven
8 Cocktailtomaten
4 Spieße

Den Knoblauch schälen, fein hacken und mit Olivenöl und Zitronensaft verrühren. Die Peperoni damit bestreichen. Den Schafskäse in Stückchen schneiden und auf die ausgebreiteten Weinblätter legen. Die Gurke in etwa einen Zentimeter dicke Scheiben schneiden, die Oliven entsteinen.
Alle Zutaten abwechselnd auf vier lange Spieße stecken. Dabei die Weinblätter so zusammenraffen, dass der Schafskäse nicht herausfallen kann.
Die Spieße bei nicht zu starker Hitze 5 bis 10 Minuten grillen.

Spieße provençales

1 kleine Aubergine
Salz
2 kleine Zucchini
1 Fenchel
2 grüne Paprika
12 sehr kleine Zwiebeln
3 Fleischtomaten
2 EL Olivenöl
1 TL Kräuter der Provence
Salz
schwarzer Pfeffer
4 Spieße

Die Aubergine in einen Zentimeter dicke Scheiben schneiden und dick mit Salz bestreuen. Etwa 30 Minuten ziehen lassen (dadurch werden die Bitterstoffe herausgelöst). Die Auberginenscheiben abwaschen und trockentupfen. Die Zucchini ebenfalls in Scheiben, den Fenchel und die entkernten Paprika in mundgerechte Stücke schneiden. Die Fleischtomaten vierteln und die Zwiebeln schälen. Das Gemüse abwechselnd auf vier Spieße stecken.
Das Olivenöl mit den Kräutern und den Gewürzen verrühren und das Gemüse damit bestreichen.
Die Spieße bei nicht zu starker Hitze unter Wenden etwa 10 bis 15 Minuten grillen.

Frühlingszwiebelspieße

200 g Tofu
4 EL Sesam
8 EL Sojasauce
1 TL Ingwerpulver
½ TL Curcuma
½ TL Curry
8 Frühlingszwiebeln
8 Spieße

Den Tofu gut abtropfen lassen, in Würfel von etwa zwei Zentimeter Kantenlänge schneiden und in Sesam wälzen.

Aus Sojasauce, Ingwer, Curcuma und Curry eine Marinade bereiten und den Tofu darin über Nacht ziehen lassen.

Die Frühlingszwiebeln waschen und den oberen Teil der Blätter wegschneiden. Die Frühlingszwiebeln in Stücke von etwa drei Zentimeter Länge schneiden.

Abwechselnd Frühlingszwiebelstücke und Tofuwürfel auf die Spieße stecken und unter Wenden 2 bis 3 Minuten grillen.

Brotspieße

4 dicke Scheiben Vollkornbrot
2 Knoblauchzehen, gepresst
4 EL Öl
2 Tomaten
100 g Schnittkäse (Emmentaler, Greyerzer o. Ä.)
4 Spieße

Das Vollkornbrot in Würfel schneiden. Den gepressten Knoblauch zu dem Öl geben und einige Zeit ziehen lassen. Die Brotwürfel mit dem Knoblauchöl bestreichen.
Die Tomaten in Scheiben schneiden, den Käse würfeln. Abwechselnd mit den Brotwürfeln auf Spieße stecken.
Über dem Grill drehen, bis die Brotstückchen knusprig sind.

Dörrobstspieße

400 g gemischte Trockenfrüchte
Wasser
2 EL Zitronensaft
Butter
4 Spieße

Das Trockenobst eine Stunde lang mit Wasser bedecken. Die Früchte anschließend gut trockentupfen und auf vier Spieße stecken. Mit dem Zitronensaft beträufeln und während des Grillens mit Butter bestreichen. Die Spieße mehrfach wenden.

Kartoffelspieße

1 kg kleine, neue Kartoffeln
1 kleiner Zucchino
1 Scheibe Raclettekäse (½ cm dick)
Öl
Salz
4 Spieße

Die Kartoffeln waschen, bürsten und mit den Schalen in etwas
Wasser etwa 10 Minuten kochen. Abkühlen lassen. Den Zucchino in ganz dünne Scheiben schneiden. Den Käse würfeln.
Immer abwechselnd eine Kartoffel, Zucchini, Käse und wieder
Zucchini auf Spieße stecken. Die Zutaten eng zusammendrük-
ken. Mit Öl bestreichen, salzen und auf dem heißen Grill 5 bis
10 Minuten garen. Die Kartoffelspieße sind fertig, wenn die
Kartoffeln weich genug sind. Deshalb zur Probe die Kartoffeln
immer mal anstechen.

Zitronen-Salbei-Spieße

16 kleine, neue Kartoffeln
2 Zitronen
12 Blättchen frischer Salbei
2 Knoblauchzehen
2 – 3 EL Öl
Salz
4 Spieße

Die Kartoffeln waschen, bürsten und mit den Schalen etwa 10 Minuten kochen. Abkühlen lassen. Die Zitronenschalen dick abschälen, sodass auch die innere weiße Haut entfernt wird. Jede Zitrone in sechs Scheiben schneiden. Immer abwechselnd Kartoffel, Zitrone, Salbei auf einen Spieß stecken. Die Knoblauchzehen schälen und in das Öl pressen. Kurz durchziehen lassen. Spieße mit dem Knoblauchöl bestreichen und salzen. Auf dem heißen Rost 10 Minuten garen.

• Wem die ganzen Salbeiblättchen zu intensiv schmecken, isst sie einfach nicht mit. Sie haben auch so schon während des Grillens genügend Aroma abgegeben. Auch Schwangere oder stillende Mütter sollten nicht zu viel Salbei zu sich nehmen.

Eine runde Sache: Bratlinge

Grünkernbratlinge

100 g Grünkern
1 kleine Zwiebel
1 EL Öl
200 ml Wasser
1 Ei
2 EL Kräuter, gehackt
Salz

Den Grünkern mittelfein schroten. Die Zwiebel schälen, fein hacken und im Öl anbraten. Den Grünkernschrot dazugeben. Das Wasser zugießen. Ankochen und bei ausgeschalteter Kochplatte eine Stunde quellen lassen. Abkühlen lassen.
Das Ei und die gehackten Kräuter unter die Masse ziehen. Mit Salz abschmecken.
Mit angefeuchteten Händen vier Bratlinge formen. Auf dem geölten Rost von beiden Seiten etwa 5 Minuten backen.

* Diese und alle folgenden Bratlinge und Küchle lassen sich natürlich auch in der Pfanne mit etwas Öl ausbacken (dabei bekommen sie eine tolle Kruste!) oder auf einem gefetteten Blech im Backofen braten.

Gefüllte Weizenbratlinge

150 g Weizen
1 kleine Zwiebel
1 EL Öl
400 ml Wasser
1 Ei
2 Knoblauchzehen, gepresst
Salz
Paprikapulver
schwarzer Pfeffer
100 g Schafskäse

Den Weizen mittelfein schroten. Die Zwiebel schälen, fein hacken und im Öl anbraten. Den Weizenschrot dazugeben. Das Wasser zugießen. Ankochen und bei ausgeschalteter Kochplatte eine Stunde quellen lassen. Öfter umrühren. Abkühlen lassen.
Das Ei und den gepressten Knoblauch unter die Masse ziehen. Mit Salz, Paprika und schwarzem Pfeffer abschmecken.
Mit angefeuchteten Händen vier Bratlinge formen. Den Käse in vier Portionen aufteilen und die Bratlinge damit füllen. Auf dem geölten Rost von beiden Seiten etwa 5 Minuten backen.

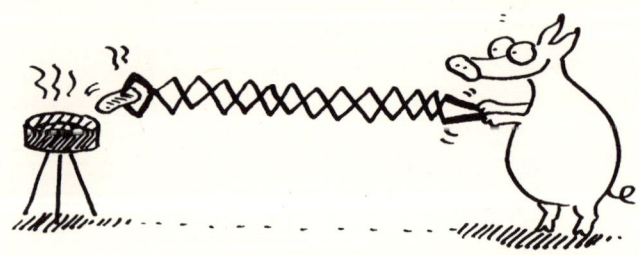

Kichererbsenküchlein

200 g Kichererbsen
500 ml Gemüsebrühe
1 Zwiebel
2 Knoblauchzehen
1 Ei
2 TL Backpulver
1 TL Salz
1 TL Cayennepfeffer
1 EL Zitronensaft

Die Kichererbsen in reichlich Wasser über Nacht einweichen. Unter fließendem Wasser abbrausen. Zusammen mit der Gemüsebrühe in etwa einer Stunde weich kochen (im Dampfdrucktopf 20 Minuten). Die Kichererbsen mit dem Pürierstab fein pürieren oder einfach mit einer Gabel zerdrücken.
Die Zwiebel schälen und fein hacken, den Knoblauch schälen, pressen und zusammen mit dem Ei, dem Backpulver, den Gewürzen und dem Zitronensaft mit dem Kichererbsenpüree zu einem Teig verarbeiten. Zehn Minuten ruhen lassen.
Die Masse zu kleinen Küchlein formen und auf dem geölten Rost von beiden Seiten etwa 10 Minuten backen.

Hirsebratlinge

1 kleine Zwiebel
Öl
150 g Hirse
etwa 400 ml heiße Gemüsebrühe
4 EL Vollkornmehl
2 Eier
2 Knoblauchzehen, gepresst
Pfeffer

Die Zwiebel schälen, fein hacken und im Öl anbraten. Die Hirse dazugeben, die Brühe zugießen. Zum Kochen bringen und bei ausgeschalteter Kochplatte 20 Minuten ausquellen lassen. Abkühlen lassen.

Das Vollkornmehl, die Eier und den gepressten Knoblauch unterrühren. Mit Pfeffer würzen.

Flache Bratlinge formen und auf dem geölten Rost von beiden Seiten 10 Minuten braten.

Tofubratlinge

200 g Hirse
500 ml Gemüsebrühe
200 g Tofu
1 kleine Karotte
1 Knoblauchzehe
1 EL Sojasauce
Paprikapulver

Die Hirse mit der Gemüsebrühe zum Kochen bringen und bei ausgeschalteter Kochplatte 20 Minuten quellen lassen. Den Tofu mit einer Gabel zerkrümeln, die Karotte fein raspeln, den Knoblauch schälen und pressen. Alles mit der Sojasauce unter die Hirse mischen. Mit Paprika abschmecken.
Aus der Masse kleine Bratlinge formen und auf dem geölten Rost von beiden Seiten 10 Minuten braten.

Weißkohlbratlinge

200 g Hirse
500 ml Gemüsebrühe
¼ Weißkohl
1 EL Tahin
2 EL Sojasauce

Die Hirse mit der Gemüsebrühe zum Kochen bringen und bei ausgeschalteter Kochplatte 20 Minuten quellen lassen. Den Weißkohl fein raspeln. Das Tahin mit der Sojasauce anrühren und mit dem geraspelten Weißkohl unter die Hirse mischen. Aus der Masse kleine Bratlinge formen und auf dem geölten Rost von beiden Seiten 10 Minuten braten.

Buchweizenküchle

150 g Buchweizen
300 ml Gemüsebrühe
100 g Vollkornbrösel
Paprikapulver
Kräutersalz

Den Buchweizen mit der Gemüsebrühe zum Kochen bringen und bei ausgeschalteter Kochplatte 10 bis 15 Minuten quellen lassen. Die Vollkornbrösel untermischen, mit Paprika und Kräutersalz würzen.
Mit angefeuchteten Händen kleine Küchle formen und auf dem geölten Rost von beiden Seiten 10 Minuten backen.

Polentaküchle

5 Mangoldblätter
250 g Maisgrieß (Polenta)
1 l Gemüsebrühe
100 g Schafskäse

Die Mangoldblätter fein hacken. Zusammen mit dem Maisgrieß und der Gemüsebrühe aufkochen und bei schwacher Hitze 30 bis 45 Minuten ausquellen lassen. Öfter umrühren.
Die Polenta abkühlen lassen und mit feuchten Händen zu Bratlingen formen. Den Schafskäse würfeln und die Bratlinge damit füllen. Die Polentaküchle auf dem geölten Rost von beiden Seiten knusprig backen.

- Gegrillte Polenta kann einfach als Beilage gereicht werden. Sie kann aber auch als Unterlage, belegt mit Gemüse, Käse oder Obst, ein eigenständiges Gericht bilden.

Roggenbratlinge

300 g Roggen
Wasser
1 kleine Stange Lauch
1 kleine Karotte
Kräutersalz
Paprikapulver
1 EL Hefeflocken

Den Roggen grob schroten, in so viel Wasser legen, dass er bedeckt ist, und eine Stunde quellen lassen. Das Wasser sollte danach ganz aufgesogen sein. Den Lauch fein schneiden, die Karotte fein raspeln. Mit den Gewürzen unter den Schrot mischen. Mit bemehlten Händen kleine, flache Bratlinge formen und auf dem geölten Rost ausbacken.

Tofubälle

250 g Tofu
2 Karotten
1 Zwiebel
150 g Erdnüsse
1 TL Honig
1 EL Sojasauce
3 EL Reis, gekocht
1 EL Öl
Paniermehl

Den Tofu zerkrümeln, die Karotten fein reiben, die Zwiebel schälen und fein schneiden. Die Erdnüsse grob hacken. Alle Zutaten gut vermischen; so viel Paniermehl zugeben, bis die Masse gut zusammenhält. Kleine Bällchen daraus formen und 5 Minuten auf dem heißen Grill backen.

Tofu-Grünkern-Plätzchen

300 g Tofu
300 g Grünkern, gekocht
2 EL Sojasauce
2 EL Hefeflocken
1 TL Kräutersalz
Pfeffer
3 EL frische Kräuter, gehackt

Den Tofu zerkrümeln. Alle Zutaten gut miteinander vermischen. Mit einem Esslöffel Portionen abnehmen, kleine Plätzchen daraus formen und auf dem heißen Grill oder einer heißen Steinplatte knusprig braten.

• Der Grünkern muss übrigens im Gegensatz zu manch anderen Getreidesorten vor dem Kochen nicht – oder zumindest nicht lange – eingeweicht werden. Man gibt Grünkern einfach in etwa die doppelte Menge Wasser, lässt ihn gegebenenfalls ein paar Stunden stehen, kocht ihn in gut 30 Minuten weich und lässt ihn auf der ausgeschalteten Herdplatte noch etwas quellen.

Hamburger, Chapatis & Co.

Tofuburger

600 g Tofu
1 Zwiebel
Salz
Pfeffer
Paprikapulver
1 EL Kräuter der Provence
200 g Reis, gekocht
8 Salatblätter
Tomatenscheiben
Gurkenscheiben
8 EL Mayonnaise
8 Vollkornbrötchen

Den Tofu mit einer Gabel zerdrücken. Die Zwiebel schälen, die eine Hälfte sehr fein hacken, die andere Hälfte in feine Ringe schneiden. Tofu, Zwiebelwürfel, Gewürze und den gekochten Reis mischen und daraus acht flache Bratlinge formen. Die Bratlinge auf dem Grill in etwa 15 Minuten garen.

Jeden Tofuburger mit einem grünen Salatblatt, Tomaten- und Gurkenscheiben, Zwiebelringen und einem Esslöffel Mayonnaise zwischen zwei Brötchenhälften legen.

Tempehburger

250 g Tempeh
1 Zwiebel
1 Knoblauchzehe
1 Karotte
Pfeffer
Salz
1 EL Sojasauce
etwa 60 g Hirse, gekocht
1 EL Vollkornmehl
8 Salatblätter
Tomatenscheiben
Gurkenscheiben
8 EL Mayonnaise
8 Vollkornbrötchen

Tempeh mit der Gabel zerdrücken. Die Zwiebel schälen, die eine Hälfte sehr fein hacken, die andere Hälfte in feine Ringe schneiden und zum Garnieren beiseite stellen. Die Knoblauchzehe schälen und pressen, die Karotte fein raspeln. Tempeh, Zwiebelwürfel, Knoblauch, Karotte und Gewürze mit der Hirse und dem Mehl gut vermischen. Es soll eine formbare Masse entstehen. Acht flache Bratlinge daraus formen und auf dem Grill von beiden Seiten backen.

Jeden Bratling mit einem grünen Salatblatt, Tomaten- und Gurkenscheiben, Zwiebelringen und einem Esslöffel Mayonnaise zwischen zwei Brötchenhälften legen.

• Hirse wird gekocht, indem man sie mit gut der doppelten Menge Wasser zum Kochen bringt und dann bei ausgeschalteter Kochplatte 20 Minuten ausquellen lässt.

Grundrezept Tortillas

1 TL Salz
200 g Mehl
100 ml lauwarmes Wasser

Salz in das gesiebte Mehl geben. Das Mehl mit dem Wasser vermischen und gut durchkneten. Den Teig eine Stunde ruhen lassen.

Den Teig in zwölf gleich große Stücke teilen und zu Kugeln formen. Jede Kugel zwischen zwei Lagen Pergamentpapier etwa zwei Millimeter dick ausrollen.

Auf dem Grill eine flache Stein- oder Metallplatte erhitzen. Die Tortillas darauf von jeder Seite 2 bis 3 Minuten backen.

Die Tortillas mit einer leckeren Füllung bestreichen, zusammenklappen und mit saurer Sahne oder einer leckeren Sauce servieren.

- Die Original-Tortillas werden aus einem speziellen Maismehl zubereitet. Man kann natürlich auch das hier erhältliche Maismehl nehmen; damit werden die Tortillas allerdings spröder und lassen sich nicht so gut rollen oder falten. Mit einer Mischung aus 100 g Weizenmehl und 100 g Maismehl, beides fein gemahlen, kann man aber dennoch gute Ergebnisse erzielen.

Tortillas mit Käsefüllung

Teig:
200 g Mehl
1 TL Salz
100 ml lauwarmes Wasser

Füllung:
300 g Käse (z. B. Emmentaler, Greyerzer, Raclette)
100 g saure Sahne
Cayennepfeffer
½ TL Kardamom
½ TL Kreuzkümmel

Für die Tortillas das Mehl sieben, mit Salz und Wasser mischen und gut durchkneten. Teig eine Stunde ruhen lassen. Dann in zwölf gleich große Stücke teilen und zu Kugeln formen. Jede Kugel zwischen zwei Lagen Pergamentpapier etwa zwei Millimeter dick ausrollen.

Auf dem Grill eine flache Stein- oder Metallplatte erhitzen. Die Tortillas darauf von jeder Seite 2 bis 3 Minuten backen.

Den Käse grob raspeln oder sehr fein schneiden. Mit der sauren Sahne und den Gewürzen mischen. Die Tortillas mit der Käsemasse bestreichen, zusammenklappen und noch einmal kurz auf dem Grill heiß werden lassen.

Mit Mexikosauce (siehe Seite 148) oder einer kräftigen Tomatensauce servieren.

Tortillas mit Salsa

Teig:
200 g Mehl
1 TL Salz
100 ml lauwarmes Wasser

Füllung:
3 Tomaten
2 Frühlingszwiebeln
2 Knoblauchzehen
2 TL Öl
1 TL Chilipulver
Zitronensaft
Salz
etwas Crème fraîche

Das Mehl sieben, Salz hineingeben, mit dem Wasser vermischen und gut durchkneten. Den Teig eine Stunde ruhen lassen. Den Teig in zwölf gleich große Stücke teilen und zu Kugeln formen. Jede Kugel zwischen zwei Lagen Pergamentpapier etwa zwei Millimeter dick ausrollen.

Auf dem Grill eine flache Stein- oder Metallplatte erhitzen. Die Tortillas darauf von jeder Seite 2 bis 3 Minuten backen.

Für die Füllung die Tomaten würfeln, die Frühlingszwiebeln in feine Ringe schneiden und den Knoblauch schälen und fein hacken. Mit dem Öl und dem Chilipulver verrühren, mit Zitronensaft und Salz abschmecken. Die Füllung auf die Tortillas verteilen, die Tortillas zusammenklappen und nochmals kurz auf den Grill geben.

Mit einem Klecks Crème fraîche servieren.

Tortillas Ernesto

Teig:
200 g Mehl
1 TL Salz
100 ml lauwarmes Wasser

Füllung:
200 g Gouda
200 g Karotten
2 Tassen Zuckermais
etwas saure Sahne

Das gesiebte Mehl mit dem Salz und dem Wasser vermischen und gut durchkneten. Den Teig eine Stunde ruhen lassen.

Den Teig in zwölf gleich große Stücke teilen und zu Kugeln formen. Jede Kugel zwischen zwei Lagen Pergamentpapier etwa zwei Millimeter dick ausrollen.

Auf dem Grill eine flache Stein- oder Metallplatte erhitzen. Die Tortillas darauf von jeder Seite 2 bis 3 Minuten backen.

Für die Füllung den Käse und die Karotten reiben. Mit den Maiskörnern mischen. Die Füllung auf den Tortillas verteilen, die Tortillas zusammenklappen und nochmals kurz auf den Grill geben.

Mit Mexikosauce (siehe Seite 148) und einem Klecks saurer Sahne servieren.

Gegrillte Polenta

250 g Maisgrieß (Polenta)
1 l Gemüsebrühe

Den Maisgrieß mit der Gemüsebrühe aufkochen und bei schwacher Hitze 30 bis 45 Minuten ausquellen lassen. Vorsicht: Da die Polenta leicht anhängt, sollte man öfters umrühren! Die Polenta ist fertig, wenn sie sich vom Topfrand löst.
Die Polenta abkühlen lassen und mit feuchten Händen zu einer dicken Rolle formen. In einen bis zwei Zentimeter dicke Scheiben schneiden. Die Polentataler auf dem geölten Rost von beiden Seiten knusprig backen.

- Gegrillte Polenta kann einfach als Beilage gereicht werden. Sie bildet aber auch als Unterlage, belegt mit Gemüse, Käse oder Obst, ein eigenständiges Gericht.

- Wer die Polenta gerne etwas üppiger mag, kann sie noch mit Käse, einem Schuss süßer Sahne, Kräutern oder gedünsteten Zwiebelstückchen anreichern.

Grundrezept Chapatis

200 g Kichererbsen
1 TL Salz
½ TL Kreuzkümmel
½ TL Koriander
1 EL Öl
etwa 100 ml lauwarmes Wasser

Die Kichererbsen fein mahlen. Das Mehl mit den Gewürzen und dem Öl mischen und mit so viel Wasser verkneten, dass ein fester, geschmeidiger Teig entsteht. Den Teig mindestens eine Stunde, nach Möglichkeit länger, ruhen lassen.

Den Teig in vier Portionen aufteilen und auf einer bemehlten Fläche hauchdünn ausrollen.

Eine Stein- oder Metallplatte auf dem Grill erhitzen und die Chapatis von beiden Seiten etwa eine Minute backen. Während des Backens mit dem Bratenwender rundherum leicht auf die Ränder drücken. Dadurch entstehen kleine Luftblasen, die das Gebäck lockern.

Die gebackenen Chapatis in ein Tuch einschlagen, bis alle fertig sind.

- Chapatis kommen ursprünglich aus Indien. Sie schmecken besonders gut zu scharf gewürzten Hülsenfrüchten. Man kann sie aber auch mit Butter bestreichen, solange sie noch heiß sind, oder einfach als Beilage zu einem Gemüsegericht servieren.

Chapatis mit Linsen

200 g Kichererbsen
1 TL Salz
½ TL Kreuzkümmel
½ TL Koriander
1 EL Öl
etwa 100 ml lauwarmes Wasser
250 g rote Linsen, gekocht
½ TL Kreuzkümmel
½ TL Koriander
1 TL Curcuma
200 g Crème fraîche

Die Kichererbsen fein mahlen. Das Mehl mit den Gewürzen und dem Öl mischen und mit so viel Wasser verkneten, dass ein fester, geschmeidiger Teig entsteht. Einige Stunden ruhen lassen.

Teig in vier Portionen aufteilen und auf einer bemehlten Fläche hauchdünn ausrollen.

Eine Stein- oder Metallplatte auf dem Grill erhitzen und die Chapatis von beiden Seiten etwa eine Minute backen.

Die gekochten Linsen mit den Gewürzen und der Crème fraîche verrühren und zu den Chapatis reichen.

Bananenchapatis

200 g Kichererbsen
1 TL Salz
½ TL Kreuzkümmel
½ TL Koriander
1 EL Öl
etwa 100 ml lauwarmes Wasser
4 Bananen
200 g Crème fraîche
Curry
Salz

Die Kichererbsen fein mahlen. Das Mehl mit den Gewürzen und dem Öl mischen und mit so viel Wasser verkneten, dass ein fester, geschmeidiger Teig entsteht. Den Teig einige Stunden ruhen lassen.

Den Teig in vier Portionen aufteilen und auf einer bemehlten Fläche hauchdünn ausrollen.

Eine Stein- oder Metallplatte auf dem Grill erhitzen und die Chapatis von beiden Seiten etwa eine Minute backen.

Die Bananen in den Schalen grillen, bis die Schalen schwarz sind. Das Fruchtfleisch herausnehmen und mit einer Gabel grob zerdrücken. Mit Crème fraîche verrühren und mit Curry und Salz pikant abgeschmeckt zu den Chapatis reichen.

Crêpes

160 g Weizenmehl
2 EL Öl
½ TL Salz
400 ml Wasser

Aus allen Zutaten einen Teig bereiten. Im Kühlschrank etwa zwei Stunden ruhen lassen.

Eine Metallplatte ölen und auf dem Grill erhitzen. Mit einem Löffel etwas Teig daraufgeben und dünn ausstreichen. Von beiden Seiten ausbacken. Die Crêpes sollten nicht zu dunkel werden.

Crêpes entweder süß, z. B. mit Kompott, oder herzhaft füllen und zu Vierteln zusammengeklappt servieren.

- Probieren Sie einmal Crêpes mit Schokocreme oder Orangencreme (siehe Seiten 149 und 150). Ein süßer Traum ...

- Eine einfache, aber köstliche pikante Füllung ist beispielsweise Käse-Nuss-Creme: 150 g Camembert oder Brie mit 150 g Frischkäse und 5 EL süßer Sahne im Mixer pürieren. 4 EL gehackte Nüssen unterziehen und mit Salz und etwas Zitronensaft abschmecken.

Fladen, Brot und Brötchen

Knusperstangen

250 g Weizenmehl
1 Päckchen Hefe
100 ml Wasser
30 ml Öl
1 TL Salz
Stöcke aus frischem Holz oder lange Spieße
Öl
Wasser zum Bestreichen
Kümmel oder grobes Salz nach Belieben

Aus Mehl, Hefe, Wasser, Öl und Salz einen geschmeidigen Hefeteig kneten. Er darf nicht mehr kleben; notfalls noch etwas Mehl dazugeben.

Die Holzstöcke (entrindet) oder die Metallspieße dünn mit Öl einreiben. Von dem Teig Stückchen abnehmen, zu kleinen Kugeln rollen und den Teig vorsichtig (wie einen Strumpf) über die Stöcke ziehen. Mit etwas Wasser bestreichen und nach Geschmack mit Kümmel oder grobem Salz bestreuen.

Die Stangen unter ständigem Drehen über die Glut halten, bis der Teig eine schöne braune Farbe annimmt. Vorsichtig herunternehmen und vor dem Verzehr etwas abkühlen lassen.

Die Stangen schmecken übrigens auch kalt sehr gut.

Sesamknäcke

150 g Weizenmehl
150 g Dinkelmehl
30 g Sesam
30 g weiche Butter
1 TL Salz
250 ml lauwarme Milch
Sesam zum Bestreuen

Mehl, Sesam, Butter, Salz und die lauwarme Milch gut miteinander verkneten. Der Teig sollte nicht mehr kleben; notfalls
noch etwas Mehl dazugeben.
Eine glatte Metallplatte ölen und auf dem Grill heiß werden
lassen. Je größer der Abstand zur Glut, desto besser, da die
Fladen sonst leicht verbrennen.
Den Teig zu einer langen Rolle formen und in etwa zehn Stücke
aufteilen. Die einzelnen Stücke zu Kugeln formen, dann mit
feuchten Händen zu sehr dünnen Fladen ausziehen. Auf der
heißen Platte von beiden Seiten backen, bis sie knackig sind.
Mit Sesam bestreuen.

Knoblauchtoast

100 g Butter
2 – 3 Knoblauchzehen
1 EL frische Kräuter, gehackt
1 TL Zitronensaft
Salz
8 Scheiben Vollkornbrot

Die Butter weich rühren. Die Knoblauchzehen schälen und hineinpressen, mit gehackten Kräutern, Zitronensaft und Salz abschmecken.
Die Brotscheiben dick mit der Knoblauchbutter bestreichen und zuerst mit der ungebutterten Seite nach unten auf dem Grill rösten; dann wenden und weiterrösten.

- Knoblauchtoast schmeckt gut zu einem frischen Salat. Man kann die Brotscheiben aber auch würfeln und als Einlage für eine Suppe verwenden.

Orientalische Fladen

200 g Kichererbsen
100 g Weizen
5 EL frische Kräuter
1 TL Salz
etwa 150 ml Wasser

Die Kichererbsen und den Weizen sehr fein mahlen. Die Kräuter hacken. Alle Zutaten zu einem nicht zu weichen Teig verarbeiten. Den Teig eine Stunde ruhen lassen.
Den Teig auf einer bemehlten Fläche zu acht dünnen Fladen ausrollen.
Eine Stein- oder Metallplatte auf dem Grill heiß werden lassen und die Fladen darauf nacheinander backen. Die fertigen Fladen in ein Tuch einschlagen.

- Die Fladen können auch auf einem einfachen Rost gebacken werden. Dazu den Rost möglichst hoch stellen oder, falls das nicht möglich ist, die Fladen mehr am Rand backen, wo die Hitze nicht allzu groß ist.

Tomatenfladen

200 g Kichererbsen
100 g Weizen
5 EL frische Kräuter
2 Tomaten
1 TL Salz

Die Kichererbsen und den Weizen sehr fein mahlen. Die Kräuter hacken. Die Tomaten im Mixer pürieren. Alle Zutaten zu einem nicht zu weichen Teig verarbeiten, eventuell noch etwas Wasser hinzufügen. Den Teig eine Stunde ruhen lassen.
Den Teig auf einer bemehlten Fläche zu vier dünnen Fladen ausrollen.
Eine geölte Stein- oder eine Metallplatte auf dem Grill heiß werden lassen und die Fladen darauf nacheinander backen.
Die fertigen Fladen in ein Tuch einschlagen.

Gewürzfladen

150 g Buchweizen
500 g Dinkel
20 g frische Hefe
½ TL Salz
½ TL Koriander
½ TL Kümmel
75 g Joghurt
250 ml lauwarmes Wasser
1 EL Öl

Buchweizen und Dinkel fein mahlen. Alle Zutaten miteinander verkneten. Den Teig eine Stunde gehen lassen. Nochmals gut durchkneten.

Eine glatte Metallplatte ölen und auf dem Grill heiß werden lassen. Je größer der Abstand zur Glut, desto besser, da die Fladen sonst leicht verbrennen.

Aus dem Teig kleine, handtellergroße Fladen formen und auf der heißen Platte von beiden Seiten backen.

Knusperfladen

250 g Weizenmehl
1 Prise Vollrohrzucker
1 Prise Salz
20 g Butter
100 ml Wasser

Alle Zutaten in eine Schüssel geben und mit den Händen zu einem geschmeidigen Teig verarbeiten. Zugedeckt 30 Minuten ruhen lassen. Aus dem Teig 16 kleine Kugeln formen und zu dünnen, untertassengroßen Fladen ausrollen. Die Fladen nochmals 5 Minuten ruhen lassen.
Eine Stein- oder Metallplatte auf dem Grill erhitzen und die Fladen darauf portionsweise von beiden Seiten so lange backen, bis sie braune Flecke bekommen.

- Die Fladen schmecken warm am besten, deshalb in einem Tuch eingeschlagen aufbewahren. Sie werden mit Butter oder einem würzigen Aufstrich bestrichen oder als Beilage gereicht.

Indische Fladen

200 g Kichererbsen, gekocht
50 g Butter
½ TL Kreuzkümmel, gemahlen
½ TL Koriander, gemahlen
½ TL Curcuma
¼ TL Chilipulver
1 EL frischer Ingwer, gehackt
Salz
250 g Weizenmehl
150 ml Wasser
½ TL Salz
1 Prise Vollrohrzucker
2 TL Öl

Die gekochten Kichererbsen mit Butter, Kreuzkümmel, Koriander, Curcuma, Chilipulver und Ingwer im Mixer pürieren. Mit
Salz pikant abschmecken.
Die restlichen Zutaten zu einem glatten Teig kneten und zugedeckt 30 Minuten ruhen lassen. Nochmals gut durchkneten.
In acht Portionen aufteilen und diese mit bemehlten Händen
zu dünnen Fladen formen. Auf einer heißen Stein- oder Metallplatte von beiden Seiten backen, die Fladen dabei immer wieder andrücken, bis sich Blasen gebildet haben. Fladen wenden, wenn die Blasen anfangen zu bräunen, und die zweiten
Seiten genauso backen. Mit dem Kichererbsencurry bestreichen, zusammenklappen und noch warm servieren.

Steckerlbrot

500 g Weizenmehl
1 Päckchen Hefe
1 TL Salz
1 – 2 EL frische Kräuter
gerade Stöcke aus frischem Holz

Aus Mehl, Hefe, Salz und Kräutern einen geschmeidigen Hefe-
teig kneten. Fünfzehn Minuten gehen lassen.
Die Rinde von den Stöcken (Steckerln) abschälen.
Von dem Hefeteig Teigstücke abnehmen und zu langen »Wür-
sten«, die etwa einen Zentimeter dick sind, ausziehen. Die
Teigwürste spiralförmig auf die Stöcke wickeln und über den
Grill halten. Dabei ständig drehen, damit das Brot nicht ver-
brennt.

- Steckerlbrot eignet sich auch gut für Lagerfeuer oder fürs
  gemütliche Beisammensein am offenen Kamin. Besonders
  Kindern macht es Spaß, ihr Brot selbst zu backen.

Toskanisches Röstbrot

350 g Champignons
1 Zwiebel
1 kleine Stange Bleichsellerie
2 EL Olivenöl
4 EL Gemüsebrühe
1 EL Kapern
1 EL Petersilie
1 EL Zitronensaft
Salz
Pfeffer
Brot

Die Pilze putzen und sehr fein schneiden. Die Zwiebel schälen und fein hacken, den Sellerie fein hacken. Das Olivenöl in einer Pfanne heiß werden lassen und das Gemüse darin bei mittlerer Hitze unter Rühren etwa 5 Minuten anbraten. Die Gemüse-brühe dazugießen und kochen lassen, bis die Flüssigkeit ver-dampft ist. Kapern und Petersilie fein wiegen und ebenfalls dazugeben. Mit Zitronensaft, Salz und Pfeffer würzen.
Vom Brot dünne Scheiben abschneiden, mit der Pilzmasse be-streichen und auf den Grill legen, bis die Brotscheiben knusprig angeröstet sind.

- Toskanisches Röstbrot ist auch eine leckere Vorspeise oder – mit einem frischen Salat – ein schneller Imbiss. Rösten Sie dafür die Brotscheiben im Toaster oder im Backofen kurz an, und bestreichen Sie sie mit der Pilzmasse. Warm servieren!

Spanische Olivenbrote

200 g schwarze Oliven, entsteint
2 EL Zitronensaft
2 EL Olivenöl
Salz
Pfeffer
Brot
Olivenöl zum Beträufeln

Die Oliven fein hacken und mit Zitronensaft und Olivenöl im Mixer pürieren. Mit Salz und Pfeffer pikant abschmecken. Das Brot in möglichst dünne Scheiben schneiden und mit Olivenöl beträufeln. Immer eine Scheibe mit der Olivenpaste bestreichen und dann mit einer weiteren Scheibe zu einem Doppeldecker belegen. Auf dem heißen Rost von beiden Seiten jeweils so lange rösten, bis die Brotscheiben knusprig gebräunt sind.

- Wer den intensiven Geschmack von Oliven etwas mildern möchte, kann statt des Olivenöls ein geschmacksneutrales Speiseöl verwenden.

Aufstriche und Saucen

Knoblauchbutter

100 g Butter
2 – 3 Knoblauchzehen
1 TL Zitronensaft
Salz

Die Butter weich rühren. Knoblauchzehen schälen und hineinpressen, mit Zitronensaft und Salz abschmecken.

Basilikumbutter

100 g Butter
1 Bund Basilikum
50 g Crème fraîche
Salz
Pfeffer

Die Butter schaumig rühren. Basilikumblätter hacken und mit der Crème fraîche unter die Butter mischen. Mit Salz und schwarzem Pfeffer abschmecken.

Olivenbutter

100 g Butter
10 Oliven
5 süße Mandeln
Pfeffer
Salz
Oregano
Tabasco

Die Butter schaumig rühren. Die Oliven entsteinen und hacken, die Mandeln fein hacken. Unter die Butter mischen und mit den Gewürzen abschmecken.

Tomatenbutter

100 g Butter
2 EL Tomatenmark
1 Schalotte
schwarzer Pfeffer
Salz
frisches Basilikum, gehackt

Die Butter weich rühren, das Tomatenmark dazugeben. Die Schalotte schälen, sehr fein hacken und ebenfalls unter die Butter rühren. Mit Pfeffer, Salz und frischem Basilikum abschmecken.

Schalottenbutter

3 Schalotten
½ Tasse Wasser
2 EL Rotweinessig
1 Lorbeerblatt
1 Prise Thymian
100 g Butter
Salz

Die Schalotten schälen und fein schneiden. Wasser und Rotweinessig zum Kochen bringen und Schalotten, Lorbeer und Thymian darin köcheln lassen, bis die Flüssigkeit verdampft ist. Das Lorbeerblatt herausnehmen, die Schalotten abkühlen lassen.
Die Butter weich rühren und die Schalotten untermischen. Mit Salz abschmecken.

Petersilienbutter

125 g Butter
50 g Walnüsse
1 Bund Petersilie
50 g Emmentaler
1 TL Zitronensaft

Die Butter schaumig rühren. Die Walnüsse hacken, Petersilie klein schneiden, den Käse reiben. Alle Zutaten gründlich vermischen.

Kräuterbutter

125 g Butter
1 Knoblauchzehe
2 EL frische Kräuter
  (Dill, Petersilie, Kresse,
  Schnittlauch, Basilikum usw.)
1 TL Zitronensaft
Meersalz

Die Butter geschmeidig rühren. Die Knoblauchzehe schälen und pressen, die Kräuter klein schneiden und mit dem Zitronensaft unter die Butter mischen. Mit Meersalz abschmecken. Die Kräuterbutter vor Gebrauch im Kühlschrank wieder fest werden lassen.

Senfbutter

125 g Butter
1 EL scharfer Senf
1 EL Crème fraîche
etwas Dill

Die Butter schaumig rühren. Senf und Crème fraîche untermischen. Die Senfbutter in ein schönes Schälchen füllen und mit einigen Zweigen Dill garnieren. Vor Gebrauch im Kühlschrank wieder fest werden lassen.

Sesambutter

125 g Butter
2 EL Sesam
1 Knoblauchzehe
Rosenpaprika
Meersalz

Die Butter weich rühren. Den Sesam in einer trockenen Pfanne anrösten, bis er duftet, den Knoblauch schälen und pressen. Mit der weichen Butter verrühren und mit etwas Rosenpaprika und Meersalz abschmecken.

Pilzbutter

125 g Butter
1 kleine Zwiebel
100 g Pilze (z. B. Champignons, Steinpilze)
1 EL Petersilie, gehackt
Zitronensaft
Meersalz

Die Butter weich rühren. Die Zwiebel schälen und fein hacken, Pilze putzen und ebenfalls fein hacken, in etwas Butter andünsten. Etwas abkühlen lassen und mit der weichen Butter verrühren. Mit Petersilie, Zitronensaft und Meersalz pikant abschmecken.

Curry-Bananen-Butter

125 g Butter
1 reife Banane
Zitronensaft
1 EL Curry
Meersalz

Die Butter weich rühren, die Banane mit einer Gabel zerdrücken und unter die Butter rühren. Mit Zitronensaft, Curry und Meersalz pikant abschmecken.

Dillbutter

125 g Butter
2 EL frischer Dill, fein gewiegt
2 Eier
Meersalz

Die Butter weich rühren. Die Eier hart kochen und in mittelfeine Stückchen schneiden. Mit dem Dill unter die Butter rühren. Mit Meersalz abschmecken.

- Eine Scheibe Dillbutter auf gegrillten Kartoffeln – ein Genuss!

Kapernbutter

125 g Butter
2 EL Kapern
1 Ei
Meersalz
Zitronensaft

Die Butter weich rühren. Die Kapern fein hacken. Das Ei hart kochen, schälen und ebenfalls hacken. Alle Zutaten miteinander verrühren. Mit Meersalz und etwas Zitronensaft abschmecken.

Meerrettichbutter

125 g Butter
2 EL Meerrettich, fein gerieben
1 Prise Vollrohrzucker
Meersalz

Die Butter weich rühren. Den fein geriebenen Meerrettich unterrühren und mit einer Prise Zucker und Meersalz abschmecken.

- Es kommt bei der Menge an Meerrettich darauf an, ob Sie
  frisch geriebenen oder den etwas milderen Meerrettich aus
  dem Glas verwenden. Und natürlich auf den Geschmack.
  Nicht jeder liebt den Rachenputzer-Effekt, den frischer, scharfer Meerrettich nun einmal hat.

Mandelbutter

125 g Butter
50 g Mandeln, geschält
1 EL frischer Kerbel, fein gewiegt
1 EL Hefeflocken
Meersalz

Die Butter weich rühren. Die Hälfte der Mandeln grob hacken, die andere Hälfte fein mahlen. In einer trockenen Pfanne anrösten, bis sie duften. Mandeln, Kerbel und Hefeflocken mit der weichen Butter verrühren und mit Meersalz abschmecken.

Preiselbeerbutter

125 g Butter
100 g Preiselbeeren aus dem Glas
1 EL Honig

Die Butter weich rühren. Preiselbeeren und Honig dazugeben
und glatt rühren.

Kokosbutter

125 g Butter
1 EL Carobpulver
1 TL Honig
25 g Kokosraspel

Die Butter weich rühren. Carobpulver mit Honig mischen und
mit den Kokosraspeln unter die Butter rühren.

Tahin mit Joghurt

2 EL Tahin
8 EL Joghurt
1 EL Zitronensaft
1 Knoblauchzehe
Pfeffer
Salz

Tahin, Joghurt und Zitronensaft glatt rühren. Die Knoblauchzehe schälen und hineinpressen. Mit Pfeffer und Salz abschmecken.

- Tahin mit Joghurt passt gut zu allen gegrillten Gemüsesorten, aber auch zu warmem Fladenbrot.

Tahin mit Apfelmus

4 EL Tahin
150 g Apfelmus
Honig nach Geschmack

Das Tahin mit dem Apfelmus verrühren. Nach Bedarf etwas Honig hinzufügen.

- Tahin mit Apfelmus schmeckt zum Beispiel als Füllung von Crêpes sehr lecker.

Aufstrich aus Hülsenfrüchten

100 g Hülsenfrüchte (z. B. Erbsen, Bohnen, Linsen)
Wasser zum Kochen
1 kleine Zwiebel
evtl. 1 EL Öl
1 Knoblauchzehe
1 EL Kräuter
1 EL Tahin oder Öl
Salz
Pfeffer

Die Hülsenfrüchte über Nacht einweichen und danach unter fließendem Wasser gründlich abspülen. Im Dampfdrucktopf weich kochen.
Die Hülsenfrüchte durch ein Sieb passieren, die Kochflüssigkeit aufheben. Die Zwiebel schälen, klein schneiden und nach Belieben in etwas Öl sautieren. Den Knoblauch schälen und pressen, die Kräuter fein hacken und zu dem Püree geben.
Tahin oder Öl unterrühren. Wenn das Püree noch nicht streichfähig ist, mit etwas Kochflüssigkeit verdünnen. Mit Salz und Pfeffer abschmecken.

Sojannaise

250 ml Sojadrink
200 ml Öl
1 EL Essig
1 TL Kräutersalz
¼ TL Honig
1 kleine gekochte Kartoffel

Den Sojadrink mit der Hälfte des Öls im Mixer bei hoher Geschwindigkeit eine Minute mixen. Das restliche Öl langsam dazugießen, während der Mixer weiterläuft. Die restlichen Zutaten ebenfalls untermixen.
Die Sojannaise mindestens eine Stunde kalt stellen. Sie steift dadurch noch wesentlich nach.

- Sojannaise ist eine vegetarische Alternative zu Mayonnaise. Da sie keine Eier enthält, kommt dies auch dem Cholesterinspiegel zugute.

- Wenn es der Anlass oder ein bestimmtes Gericht erfordert, kann die Sojannaise auch eingefärbt werden. Je nach Farbwunsch rührt man Curcuma (gelb), frische gehackte Kräuter (grün) oder etwas Tomatenmark (rot) unter. So kann man mit geringem Aufwand große Wirkung erzielen.

Tofumayonnaise

200 g Tofu
4 EL Öl
1 EL Zitronensaft
1 TL Salz
Honig oder Sojadrink nach Belieben

Den Tofu zerkrümeln. Mit den anderen Zutaten im Mixer cremig schlagen. Nach Belieben noch etwas Honig oder Sojadrink hinzufügen.

- Tofumayonnaise ist schnell und einfach zubereitet. Natürlich schmeckt sie nicht nur zu Gegrilltem, sondern eignet sich auch zum Anmachen von Salaten, als Brotaufstrich usw.

Auberginencreme

2 Auberginen
Öl
200 g Joghurt
Zitronensaft
2 Knoblauchzehen, gepresst
Salz
schwarzer Pfeffer

Die Auberginen halbieren, die Schnittstellen mit Öl bestreichen und im vorgeheizten Backofen bei 200 °C 45 bis 60 Minuten backen. Das Fruchtfleisch mit einem Löffel herauskratzen. Zusammen mit dem Joghurt im Mixer pürieren. Mit dem Zitronensaft, dem gepressten Knoblauch und den Gewürzen abschmecken.
Vorsicht: Der Knoblauch entfaltet seine Wirkung erst so richtig, wenn die Creme einige Zeit durchgezogen ist. Lieber nochmal nachwürzen!

- Auberginencreme schmeckt besonders gut zu Fladenbrot und gegrilltem Gemüse.

Pesto

1 Bund Basilikum
100 g Pinienkerne
80 g Parmesan
5 EL Olivenöl
2 Knoblauchzehen, gepresst
Salz
schwarzer Pfeffer

Das Basilikum fein hacken, die Pinienkerne in einer trockenen Pfanne kurz bräunen und ebenfalls fein hacken. Den Käse fein reiben. In einem Mörser Basilikum und Pinienkerne möglichst fein zerreiben. Olivenöl und gepressten Knoblauch und dann den Käse dazugeben. Mit Salz und Pfeffer abschmecken. Einige Stunden durchziehen lassen.

- Pesto schmeckt besonders gut zu gegrillten Tomaten. Es ist übrigens auch eine der »klassischen« italienischen Nudelsaucen.

Avocadocreme

1 reife Avocado
200 g Frischkäse
2 EL süße Sahne
Zitronensaft
Salz
schwarzer Pfeffer

Die Avocado längs halbieren und den Kern herauslösen. Das Fruchtfleisch aus der Schale kratzen und mit einer Gabel fein zermusen. Den Frischkäse und die süße Sahne dazugeben und zu einer glatten Creme verrühren. Mit Zitronensaft, Salz und frisch gemahlenem schwarzem Pfeffer abschmecken.

- Avocadocreme schmeckt gut zu Bratlingen, gegrilltem und frischem Gemüse.

Tomatenpaste

200 g Tofu
4 EL Tomatenmark
1 kleine Zwiebel
1 Knoblauchzehe
3 EL Öl
Pfeffer
Salz
Oregano
evtl. etwas Flüssigkeit (Wasser, Gemüsebrühe, Milch)

Den Tofu zerkrümeln und das Tomatenmark dazugeben. Die Zwiebel schälen und fein hacken, Knoblauch schälen, pressen und im Öl kurz andünsten. Zu dem Tofu geben und mit einer Gabel zu einer Paste verarbeiten. Mit Pfeffer, Salz und Oregano abschmecken. Eventuell noch etwas Flüssigkeit unterrühren.

- Tomatenpaste schmeckt gut zu Tortillas und Fladenbrot oder als Aufstrich auf Hamburgern.

Mexikosauce

4 Tomaten
1 Zwiebel
2 Knoblauchzehen
2 EL Tomatenmark
1 EL Honig
1 EL Kakao- oder Carobpulver
1 TL Oregano
¼ TL Curcuma
¼ TL Koriander
½ TL Kreuzkümmel
1 TL Paprikapulver
Salz

Die Tomaten würfeln, die Zwiebel schälen und fein hacken, den Knoblauch schälen und pressen. Alle Zutaten in einen Topf geben und zu einer sämigen Sauce einköcheln lassen.

- Mexikosauce passt gut zu gefüllten Tortillas. Zu jeder Portion noch einen Klacks saure Sahne geben.

- Ein leckeres Rezept für einen kleinen Imbiss: Frische Fladen backen und mit etwas saurer Sahne bestreichen. Frisches Gemüse wie Karotten oder Chinakohl fein raspeln oder hobeln und auf die saure Sahne geben. Einen Löffel Mexikosauce darüber, fertig!

Oliven-Walnuss-Tofu

200 g Tofu
1 EL Öl
1 TL Honig
½ TL Miso
100 g entsteinte Oliven
1 EL Zitronensaft
50 g Walnüsse

Den Tofu im Mixer mit Öl, Honig, Miso, Oliven und Zitronen-saft pürieren. Die Walnüsse in einer trockenen Pfanne goldgelb rösten, mit einem schweren Messer grob hacken und unter die Paste rühren.

Schokocreme

3 EL Kakao- oder Carobpulver
4 EL süße Sahne
1 EL Honig
200 g Tofu
1 Prise Salz
½ TL Vanillepulver

Das Kakao- oder Carobpulver mit der süßen Sahne und dem Honig anrühren. Den Tofu grob zerkrümeln. Alle Zutaten im Mixer zu einer cremigen Paste pürieren.

- Schokocreme passt gut zu Crêpes. Nimmt man etwas mehr süße Sahne, wird die Creme flüssiger und kann als Sauce zu gegrilltem Obst gereicht werden.

Orangencreme

2 Orangen
200 g Tofu
1 EL Honig
1 EL Öl
1 TL Vanillepulver
1 Prise Salz
etwas abgeriebene Orangenschale

Eine Orange auspressen. Die andere Orange schälen, das Frucht-fleisch in Würfel schneiden. Den Tofu zerkrümeln. Im Mixer mit Orangensaft, Honig, Öl, Vanille, Salz und der abgeriebenen Orangenschale glatt rühren. Die Orangenwürfel unterziehen.

• Diese Creme passt gut zu gegrilltem Obst.

Die Autorin

Jutta Grimm, Jahrgang 1962, Mutter von vier Kindern, studierte in Trier Haushalts- und Ernährungstechnik.
Von ihr sind im pala-verlag außerdem erschienen:
- **Brotaufstriche selbst gemacht**
- **Vollwert-Naschereien**
- **Vollwert-Muffins**
- **Shiitake und Austernpilze** (mit Nicola Krämer).

Die Zeichnerin

Renate Alf, Jahrgang 1956, ebenfalls Mutter von vier Kindern, lebt in Freiburg. Seit 1983 ist sie als Cartoonistin tätig und durch ihre Bücher sowie durch regelmäßig erscheinende Cartoons in vielen Zeitungen und Zeitschriften einem breiten Publikum bekannt.

Rezeptindex

Bezugsquellen

Verschiedene Grillgeräte für drinnen und draußen sowie Grill-zubehör sind beispielsweise bei folgenden Anbietern erhältlich:

**Waschbär –
Der Umweltversand**
Wöhlerstraße 4
79108 Freiburg
www.waschbaer.de

Keller GmbH & Co. KG
Konradstraße 17
79100 Freiburg
www.biokeller.de

Manufactum
Hiberniastraße 5
45731 Waltrop
www.manufactum.de

Manufactum Österreich
Wiener Straße 265
4030 Linz
www.manufactum.at

Manufactum Schweiz
Industriestraße 19
8112 Otelfingen
www.manufactum.ch

BBQ-Scout GmbH
Dieselstraße 2 – 4
32791 Lage
www.bbq-scout.de

BBQ-County
Klosterstraße 23
65554 Limburg
www.bbq-county.de

Weber Grillgeräte
im Fachhandel,
beispielsweise
Rheinhessenstraße 15
55129 Mainz
www.webergrill.de

Andere Bücher von Jutta Grimm

Jutta Grimm:
Vollwert-Naschereien
ISBN: 978-3-89566-241-6

Jutta Grimm:
Brotaufstriche selbst gemacht
ISBN: 978-3-89566-165-5

Jutta Grimm:
Vollwert-Muffins
ISBN: 978-3-89566-152-5

Grimm / Krämer:
Shiitake und Austernpilze
ISBN: 978-3-89566-184-6

Bücher mit Cartoons von Renate Alf

Sofie Meys:
Schneckenalarm!
ISBN: 978-3-89566-227-0

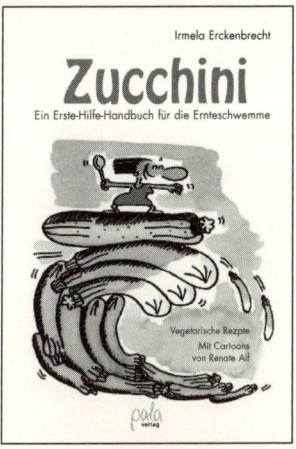

Irmela Erckenbrecht:
Zucchini
ISBN: 978-3-89566-200-3

Petra und Joachim Skibbe:
Köstliche Kürbis-Küche
ISBN: 978-3-89566-150-1

Klaus Weber:
Das Buch vom guten Pfannkuchen
ISBN: 978-3-89566-151-8

Vegetarisch • vollwertig • gesund

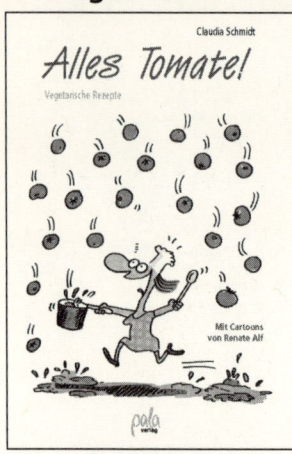

Claudia Schmidt:
Alles Tomate!
ISBN: 978-3-89566-173-0

Astrid Poensgen-Heinrich:
Spargelzeit!
ISBN: 978-3-89566-185-3

Irmela Erckenbrecht:
Erbsenalarm!
ISBN: 978-3-89566-201-0

Wolfgang Hertling:
Kochen mit Hirse
ISBN: 978-3-89566-164-8

Vollwertig backen

Herbert Walker:
Vollwertkuchen mit Pfiff
ISBN: 978-3-89566-217-1

Angelika Eckstein:
Vegan backen
ISBN: 978-3-89566-239-3

Claudia Schmidt:
Brot und Brötchen
ISBN: 978-3-89566-221-8

Simone Stefka:
Glutenfrei backen
ISBN: 978-3-89566-226-3

pala-verlag • Postfach 11 11 22 • 64226 Darmstadt • www.pala-verlag.de

ISBN: 978-3-89566-242-3
überarbeitete Neuauflage 2008
© 2008: pala-verlag, Rheinstr. 35, 64283 Darmstadt
www.pala-verlag.de
Alle Rechte vorbehalten
Umschlagillustration: Renate Alf
Cartoons: Renate Alf
Grillgeräteillustrationen: Gundel Hädeler
Druck: fgb • freiburger graphische betriebe
www.fgb.de
Dieses Buch ist auf Papier aus 100 % Recyclingmaterial gedruckt.